LES AVENTURES FABULEUSES, COCASSES ET INCROYABLES DE TILL BRINDILLE

Titre original : *Barkbelly*

First published by Puffin Books, part of Penguin Books Ltd, UK, 2005
Pour l'édition française :

300, rue Léon-Joulin, 31101 Toulouse Cedex 9
Loi 49-956 du 16 juillet 1949
sur les publications destinées à la jeunesse
ISBN : 2-7459-1751-X
www.editionsmilan.com

19-95

Cat Weatherill

Les aventures fabuleuses, cocasses et incroyables de Till Brindille

Traduit de l'anglais
par Emmanuelle Pingault

Milan

À Ray, qui a tenu le cap
À ma mère, qui a simplement tenu bon
Et à mon père, qui aurait été si fier.
C. W.

Au commencement

L'APPAREIL PLANAIT DANS LE CIEL NOCTURNE, BOURDONNANT comme une grosse abeille. Au-dessus, les étoiles scintillaient dans le firmament. Au-dessous, les collines bleues défilaient. À bord, le navigateur céleste, étendu sur son hamac, rêvait d'or. Rien ne venait troubler son sommeil. Il ignorait qu'une partie de son précieux chargement allait lui être dérobée.

La voleuse, accrochée au cordage, contemplait le sac d'œufs en bois. Elle pencha la tête. Regarda de plus près. Réfléchit. Elle estima la distance qui la séparait du filet en tenant compte du roulis. Soudain, elle s'envola, se glissa entre les plumes qui faisaient office de pales, saisit le sac avec son bec et ses griffes, et resta suspendue dessous, se balançant comme une acrobate. Elle inspira. Nom d'une étoile d'argent ! Quel parfum alléchant ! Elle ouvrit grand son bec et pinça l'un des œufs. Elle fit courir sa langue noire sur la coquille. Elle percevait un goût de sel et de sable, de forêt et de fougère.

La perroquette se demanda de quel genre de noisettes il s'agissait là. Elle n'avait jamais rien vu de tel. Ces coquilles étaient plus dures que tout. Arriverait-elle à en ouvrir une ? Non, pas tant qu'elles seraient dans le sac. Il fallait qu'elle en fasse tomber une sur le pont, et qu'elle l'écrase ensuite entre ses pattes. Si elle rongeait la ficelle assez longtemps pour faire un trou, l'un des œufs passerait à travers…

– Bella ! Ne touche pas à la marchandise !

Zodiaque, le navigateur céleste, était sur le pont. Il ne tarderait pas à retourner s'étendre sur son hamac, Bella le savait. Si elle se tenait immobile, il l'oublierait peut-être. Mais, tout en bâillant et en frottant ses yeux gonflés, il ordonna :

– Bella ! Descends ! Je te vois, tu sais ! Viens ici ! Ces œufs valent très cher. Si tu déchires le sac avec ton bec, ils vont tomber. Sois sage, voyons. Laisse ça !

Bella n'obéit pas. Elle continua de se balancer comme une chauve-souris tout en fixant Zodiaque du regard. De quel droit intervenait-il ainsi ? Tout de même, c'était une perroquette nocturne aux plumes pourpres. La nuit lui appartenait. À elle seule. Zodiaque dépassait les bornes. Pour qui se prenait-il ? C'était l'heure de battre des ailes, de partir en exploration, de manger : Bella était bien décidée à faire ce qui lui plaisait. Quant à lui, il devrait attendre le matin pour régner en maître.

Bella se remit donc à pincer le filet. Il était humide et mou. Elle torsadait les fibres avec sa langue pour les user.

– Bella…

Zodiaque marchait vers elle. Elle ne cessa pas.

– Je te préviens…

Il la menaçait, le doigt pointé. Non mais, quel toupet ! Elle le regarda d'un œil froid. Elle sentait qu'un œuf était au bord du trou.

– Bella !

Le matelot des étoiles bondit vers elle, mais elle s'était déjà envolée pour se réfugier dans la pénombre qu'elle aimait tant. Il ne put saisir que le sac.

– Par les sept mers ! pesta-t-il. Elle est pire qu'un singe. Et pourtant, c'est quelque chose, un singe.

Zodiaque avait compris : il devait déplacer le sac. Pas moyen de faire confiance à Bella. Elle reviendrait à la charge dès qu'il serait sous le pont, et ces œufs valaient très cher. Tout en ronchonnant, il tira une caisse vers lui, monta dessus et détacha le sac. Mais un petit œuf brillant passa à travers le trou et tomba, tomba, tomba dans le ciel nocturne. Il finit par atterrir sur la terre noirâtre d'un champ, tout en bas. Et il resta là, à l'abri du regard des hommes, le temps que le blé lève et pousse tout autour. Au-dessus de lui, des souris édifièrent leur nid entre les tiges. En dessous, des limaces s'agglutinèrent dans la boue humide. La pluie ruissela sur sa coquille. Il fut taché par la boue. Séché par le soleil. Au fil des semaines, l'œuf resta là, insoupçonné.

Puis vint le temps de la moisson.

Première partie

Chapitre 1

Gardon tira un mouchoir crasseux de sa poche et se tamponna le front. Il était encore tôt, mais la chaleur montait déjà. Les rayons du soleil dansaient sur les toits du village de Pompedouve.

« Par ce temps-là, je serais mieux assis au bord de l'eau, se dit-il, plutôt qu'à travailler aux champs avec les vieux. » Mais tout le monde devait participer à la moisson. C'était comme ça. Pendant deux semaines épuisantes, tous les villageois suaient, soulevaient, liaient et bottelaient la paille, jusqu'à ce que chaque champ ressemble à un menton mal rasé.

Ses amis s'affairaient déjà – leur « travail » consistait pour l'instant à glisser des brassées de blé sous la chemise de leurs camarades. Papillon, Maillet, Rondin : ils étaient tous là, au bout du champ. Malgré la distance, Gardon entendait les cris de protestation de Papillon, qui se roulait par terre en hurlant et riant tout à la fois. Pauvre Papillon ! Un vrai martyr, comme toujours.

Gardon sentit quelqu'un tirer sur son tricot, comme s'il n'était pas déjà assez déformé. Avant même d'entendre sa voix, il sut qui était là : Biberon Martin.

– Gardon ! Gardon !

– Quoi donc ?

Il se tourna vers ce petit visage de pantin obstiné.

– L'un des rats attelés est vraiment méchant, expliqua Biberon en sautant d'un pied sur l'autre. Dans le champ d'à côté. Je vais prévenir les garçons.

Il s'éloigna d'un bond.

Gardon réfléchit un moment. Avait-il vraiment envie de regarder quelqu'un lutter contre un rat aussi gros qu'un lion, dont les dents étaient des lames de canif et les griffes, des poignards ? Oui. Trois fois oui !

Il courut jusqu'au champ voisin.

Le mécanisme de traction des machines était entraîné par des rats qui faisaient du sur-place à l'intérieur d'une roue. Quand ces bêtes se rebellaient, il devenait très difficile de les soumettre ; c'était le cas ce matin-là. Les dresseurs avaient cerné le fugitif dans un coin du champ. Ils avaient des cordes, mais Gardon se dit qu'il serait impossible d'harnacher le rat, à moins de le vaincre au combat : en effet, il montrait les dents et grattait la terre de ses griffes luisantes.

– Il est hargneux, annonça la voix de Papillon. Regarde-moi ces yeux ! Les gars ne pourront jamais le remettre dans l'engrenage.

– Bien sûr que si, répliqua Maillet, qui venait d'arriver. Ils vont lui passer une corde autour du cou et tirer dessus jusqu'à ce qu'il y entre. Il faudra faire attention à sa queue, voilà tout.

Les trois garçons regardèrent l'équipe se mettre en place. Godillot Mariotte, chef des meneurs de rats, était un homme musclé, aux yeux délavés, dont la barbe ressemblait à une haie d'aubépine. Caleçon Sabatier, très mince, était reconnaissable à son pantalon rapiécé et à ses pieds nauséabonds. Enfin le plus jeune, Chiffon Latresse, à peine sorti de l'enfance, était couronné d'une crinière jaune et montrait toutes ses dents quand il souriait. Toutefois, pour le moment, il ne souriait pas. Il était terrorisé. La corde pendillait entre ses mains comme une vipère morte.

– Ils n'ont pas besoin de cordages, dit Rondin, qui arrivait bon dernier comme à son habitude. Il suffirait que Caleçon Sabatier ôte ses chaussures et que les autres le portent, les pieds en avant : le rat tomberait dans les pommes, et il n'y aurait plus qu'à le ramasser.

Gardon sourit.

– C'est trop cruel, voyons ! Je l'aime bien, moi, ce rat. Il faut le comprendre : une fois enfermé, il devra passer la journée à courir sur place. Si j'étais lui, je résisterais aussi.

Toutefois, le rat ne résista pas bien longtemps. Trois cordes lui tombèrent sur la tête et les hommes serrèrent aussitôt les nœuds coulants. L'animal se dressa sur ses pattes arrière, mais il était tenu fermement, et d'autres fermiers vinrent à la rescousse. Ils le traînèrent au sol. Ses griffes creusaient des stries dans la terre. Il battit de la queue, mais les hommes s'y attendaient et s'étaient mis hors de portée. Alors il siffla, en vain. Malgré sa taille imposante, il ne pouvait rien contre ses trop nombreux adversaires.

Les garçons regardèrent les dresseurs le pousser dans une cage, fermer la porte puis reprendre leurs cordes en les passant par-dessus sa tête. Le prisonnier huma l'air. Il y avait un rat dans l'autre roue d'entraînement – il sentait son désespoir. Les hommes poussèrent le tracteur et les roues-cages s'enclenchèrent. Le rat dut se mettre à courir ; il n'avait pas le choix. Les roues adoptèrent un rythme rapide et régulier et l'engin prit peu à peu de la vitesse. C'était le début d'une nouvelle journée de travail.

– Le pauvre, il n'avait pas une chance de s'en tirer, gémit Papillon.

– C'est comme ça, répondit Maillet.

– Moi, j'aime bien les rats, déclara Biberon, sachant pourtant pertinemment que personne ne l'écoutait.

– Il faut qu'on y aille, dit Rondin. Ils ont besoin de nous, là-bas.

Ils se mirent en route. Dans le champ voisin, Pignon Grenier, le menuisier du village, réparait une roue-cage. Il leur fit un signe de tête.

– Je l'aime bien, lui, remarqua Papillon un peu plus tard.

– Oui, c'est un chic type, dit Gardon.

– Reculez ! cria Rondin.

Le fermier Lacrasse, au volant d'un tracteur, roulait vers eux. Les lames de la faucheuse passèrent tout près en sifflant, et soudain... TOC ! heurtèrent quelque chose de dur. L'objet fut projeté dans les airs en direction de Pignon Grenier et BOUM ! atterrit pile sur sa tête. Le malheureux tomba comme une quille.

– Holà ! dit Gardon. Le voilà par terre !

Amusés, les amis sifflèrent le rappel et se mirent à courir pour voir ça de plus près. Ils comprirent bientôt qu'il n'y avait pas de quoi rire : Pignon Grenier était inerte. Un filet de sang épais et sombre coulait sur son front blessé.

– Il est mort ! cria Biberon Martin.

– Ce n'est pas possible, dit Gardon.

Il s'agenouilla et posa son oreille tout près du visage du vieil homme. Il écouta. Fronça les sourcils.

– Il est vraiment mort ? chuchota Papillon.

Pas de réponse.

– Gardon ! Il est mort ?

Gardon leva la tête. Il était pâle comme un linge.

– Je l'entends respirer, annonça-t-il d'un air théâtral.

Et quand il sourit enfin, Biberon lui donna un petit coup de poing.

Les gens accouraient des quatre coins du champ. Leurs outils à la main, ils encerclèrent le blessé. Tout en se poussant du coude, ils murmuraient et s'attroupaient comme du bétail. Pignon frissonna et fit la grimace. Il ouvrit enfin les yeux et vit les villageois qui l'entouraient. Certains voulaient l'aider à se lever. D'autres lui conseillaient de rester allongé. Il avait mal à la tête et voyait trouble.

– Qu'est-ce qui s'est passé ? demanda-t-il d'une voix rauque.

– Ceci vous est tombé sur la tête, répondit Gardon, et il lui tendit une grosse motte de terre.

Pignon la frotta du bout des doigts. La boue séchée s'effrita. On aurait dit un œuf. Un œuf en bois, pas plus gros que celui d'une oie, mais bien plus lourd. Pignon était intrigué :

– Qu'est-ce que ça peut bien être ?

– Dieu seul le sait, répondit Lacrasse en descendant de son tracteur. Cette chose était posée là, par terre. On n'a jamais rien vu de pareil. Ni moi ni personne !

Il disait juste. Ni lui ni personne.

– Eh bien, conclut Pignon en tendant l'œuf au fermier, puisque c'était sur ta terre, je suppose que ça t'appartient.

– Oh là, non ! Je n’en veux pas ! Garde ça, Pignon ! En souvenir de cet incident !

Alors Pignon enroula l’œuf dans son mouchoir et le rapporta chez lui, pour le montrer à sa femme.

Chapitre 2

Pignon Grenier habitait une petite maison en pierre, avec des fenêtres à meneaux et une porte couverte de mousse. Elle était bien cachée parmi les arbres du bois de Fougeray, au bout d'un sentier battu. Tout visiteur y était le bienvenu, qu'il soit jeune ou vieux, couvert de plumes ou de fourrure. Plus d'un chat errant avait trouvé le réconfort d'un abri chaleureux derrière cette porte verte. Le poêle et la bouilloire étaient toujours bien chauds. Toute la journée, la cheminée était couronnée d'un ruban de fumée qui ondulait comme une pelure de pomme.

Coloquinte Grenier était aux fourneaux : elle préparait le déjeuner des moissonneurs. De la soupe aux pois ! Pignon en avait senti le parfum dès la porte du jardin. Il entra, le sourire aux lèvres.

– Oh là là ! dit Coloquinte en le voyant paraître. Que t'est-il arrivé ?

– J'ai passé une drôle de matinée, répondit Pignon en se laissant tomber dans son fauteuil préféré.

– Je vois ça ! Tes cheveux sont dans un état ! Oh ! Attends, je vais essuyer le sang.

Elle prit un linge humide dans l'évier et tamponna la plaie.

– J'ai reçu quelque chose sur la tête, expliqua Pignon. Un objet projeté par un tracteur.

– Je ne sais pas ce que c'était, mais ça devait être sacrément dur, remarqua Coloquinte. Tu as une vilaine plaie.

Pignon fouilla dans sa poche et en tira l'œuf.

– C'était ça.

Coloquinte posa l'œuf dans l'évier, le lava puis l'essuya avec son tablier.

– Regarde ce motif, remarqua-t-elle en passant son doigt charnu sur la fibre. C'est rudement joli, dis donc. C'est du sycomore ?

Pignon reprit l'œuf et répondit :

– Non, ce n'est pas du sycomore… Je dirais plutôt du frêne.

– En tout cas, je me demande d'où ça vient. Tu crois que c'est un œuf d'animal ? D'oiseau ?

– Non. Cela ressemble à un œuf, c'est sûr, mais c'est plein. Ce n'est pas creux, regarde.

Et il tapa l'œuf sur la table, d'un geste vif.

– Ne fais pas ça, voyons ! s'écria Coloquinte. Tu vas le cabosser !

Mais quand elle le reprit, l'œuf était aussi doux qu'auparavant.

– Je veux le garder, expliqua-t-elle. Il est si joli. Je vais le mettre sur le rebord de la fenêtre.

C'est ce qu'elle fit : elle posa l'œuf entre un pot de fleurs et un chat en porcelaine. Et il resta là, à se couvrir de poussière, jusqu'à une nuit d'hiver où un feu récalcitrant vint bousculer le cours des choses.

*

Il faisait un froid glacial. Le vent fouettait la maison, râpait les portes et les fenêtres. Depuis des heures, Pignon s'échinait à raviver le feu dans le poêle. Mais en vain. La braise se contentait de fumotter, et rajouter du petit bois n'y changeait rien. Pignon essayait d'attiser les flammes avec des pelures de pommes de terre.

– Cet âtre n'a pas de cœur ! grogna-t-il. Un âtre a forcément un cœur ! Mais là, je ne vois qu'un bloc froid et inerte.

Coloquinte sourit et posa son ouvrage. Pignon était si têtu ! Elle aurait déjà perdu patience depuis longtemps, elle. Elle quitta son fauteuil et alla à la fenêtre. L'œuf en bois était là, terni et sale, presque oublié.

– Tiens, dit-elle en le tendant à son mari. Essaye avec ça.

– Mais non, voyons ! Tu l'aimes bien, cet œuf.

– Oui, admit Coloquinte. C'est vrai qu'il est joli. Mais il ne sert à rien s'il reste posé là. Qu'est-ce qu'on peut donc faire d'un œuf en bois, je te le demande ? Regarde-moi ça, il est couvert de poussière. Mets-le à brûler et, s'il permet d'amorcer un feu, nous n'aurons plus qu'à nous asseoir pour regarder les flammes.

Pignon essuya l'œuf et observa une dernière fois les magnifiques motifs qui couraient à sa surface. Puis, avec un soupir, il le jeta au feu. Les flammèches le léchèrent doucement, mais sans s'aviver. Elles semblaient même décliner encore plus.

– Ce n'est peut-être pas combustible, dit Coloquinte, déçue. C'est un bois si dur !

Elle refit du thé et beurra quelques tartines. Le vieux couple put alors s'installer devant le spectacle. Au début, il s'avéra que Coloquinte avait vu juste : l'œuf ne brûlait pas. Mais il se mit à fumer, et une épaisse spirale brunâtre monta lentement vers le conduit.

– Ça y est, se réjouit Coloquinte. Il va prendre !

Mais l'œuf ne s'enflamma pas. Au lieu de ça, il se mit à bouger.

Au début, ce fut un balancement très lent, mais régulier. Il tourna ensuite sur lui-même, comme si quelque chose virevoltait à l'intérieur. Enfin il vibra et, avec un gros BANG ! il fut projeté comme un boulet de canon, percuta la théière sur la table, rebondit plusieurs fois dans toute la pièce, heurta le pot à lait, retourna vers le poêle et atterrit sur le chat.

Le chat grimpa aux rideaux. Coloquinte tenta de l'apaiser tandis que Pignon cherchait en vain à attraper l'œuf, qui finit sa course sur le plus beau tapis de toute la maison.

Là, il se figea.

Les deux vieux le regardaient avec des yeux de hiboux. Ils n'osaient presque plus respirer. L'œuf grossit de plus en plus. Jusqu'à atteindre la taille d'un ballon de football en cuir. Il se mit alors à s'étirer. Il y avait quelque chose dedans. Et cette chose voulait sortir. L'œuf souple se tendit, se bossela et soudain, une jambe apparut. Une petite jambe en bois un peu grassouillette avec, au bout, des orteils qui se tortillaient. Une seconde jambe sortit. Puis un bras bien gras. Et un autre. L'œuf n'était plus un œuf. C'était un corps, avec un gros ventre rond, deux bras, deux jambes – mais toujours pas de tête. Posé sur le dos, il pivotait comme un scarabée. Les doigts en bois, bien serrés en deux petits poings hargneux, s'agitaient dans les airs. Enfin, l'œuf parvint à se retourner. Les bras se posèrent au sol et se mirent à pousser, les orteils s'enfoncèrent dans le tapis et la créature se dressa maladroitement sur ses pieds. Finalement, les mains se posèrent là où la tête aurait dû se trouver et se mirent à tirer, tirer… jusqu'à ce qu'une tête apparaisse bel et bien. C'était un bébé en bois, parfaitement constitué, au visage fripé et coléreux.

Il regarda le vieux couple. Plissa ses yeux en bois et ouvrit sa bouche en bois. Il y avait là une drôle de langue en bois, et deux rangées de dents pointues en bois.

– OUIIIIN !

Il hurla si fort que toute la maison vibra. Pignon et Coloquinte l'observaient, les yeux écarquillés. Ils échangèrent un regard puis se remirent à examiner le bébé.

Il les dévisagea lui aussi l'un après l'autre. Il fronça les sourcils. Qui étaient ces gens ? Ils ne comprenaient donc rien ?

– Mamaaan ! Papaaa ! J'ai Faaaaim !

– Ah ! s'écria Pignon, horrifié. Il parle !

– Il m'a appelée « Maman », nota Coloquinte d'une voix faible. Il m'a appelée « Maman »…

Pignon se tourna vers elle. Elle avait les larmes aux yeux.

– Nous avons un fils, dit-elle. Après tant d'années, tant de déceptions, nous avons un fils. Pignon. Nous avons un fils.

Elle tendit les bras vers le bébé en bois et le serra contre elle. Il se calma instantanément. Il leva vers elle ses yeux ardents. Coloquinte trouvait qu'ils ressemblaient à des noisettes. Elle sourit et se mit à bercer son fils.

– Maman, répéta-t-il d'un ton plus calme. Maman.

Pignon les observait. Que de tendresse ! Que de bonheur ! Il sentit l'amour ronronner dans son cœur comme un chat bien au chaud.

– Il va falloir lui trouver un nom, à ce petit, dit-il gentiment. Comment veux-tu l'appeler, ma douce ?

Coloquinte examina l'enfant. Il avait le teint pâle, ses membres étaient finement striés et très musclés. Et quelle bedaine ! Un ventre dur et arrondi, comme celui d'un porcelet, à ceci près qu'il était en bois fibreux. Elle le gratta doucement, et le bébé gazouilla de plaisir.

– Chérie ? insista Pignon. As-tu un nom à lui donner ?

Coloquinte sourit et répondit :

– Mais oui. Malgré ce gros ventre rond, il est délicat : regarde comme ses bras sont fins et fragiles. Je crois que nous devrions l'appeler Brindille. C'est décidé : Till Brindille.

Chapitre 3

Till Brindille ne grandit pas comme un enfant normal. Il poussa comme une asperge. Une heure après son apparition, il savait marcher. Le lendemain, il était aussi grand qu'un enfant de deux ans. Une semaine plus tard, on aurait dit qu'il avait cinq ans.

Coloquinte se faisait du souci. La vie de ce petit allait-elle s'écouler en moins d'un an ? Allait-il vieillir et se décatir devant elle ? Le verrait-elle mort et enterré au cimetière du village, à la butte aux Herbes ? Aucune mère ne devrait jamais survivre à son enfant. Ce n'est pas juste.

Au bout d'un mois, Till avait l'allure d'un garçon de dix ans, et plutôt costaud, avec ça. Il cessa alors de grandir. Le mois suivant, il devint encore plus musclé et apprit à s'exprimer plus clairement. Coloquinte arrêta enfin de s'en faire. Elle était certaine qu'il avait devant lui une longue et heureuse vie.

Mais, malgré toute l'affection qu'elle lui portait, elle dut admettre qu'il n'était pas toujours facile. Il était têtu. Ce défaut, ajouté à sa puissance physique, était une source d'inquiétude.

« Il faut qu'il aille à l'école, songea-t-elle un jour. Il doit comprendre que, pour s'entendre avec les autres, il faut savoir faire des concessions. Les élèves plus âgés lui apprendront cela – à condition qu'ils acceptent sa présence. » Elle fronça les sourcils. « Il faudra surtout qu'il plaise à Gardon. Tous les enfants le suivent comme des moutons. Ils seront dans la même classe. Mais je n'y peux rien, après tout. Till devra résoudre ses problèmes par lui-même. Je ne vais pas le tenir par la main toute sa vie. Ce n'est plus un bébé ! »

Toutefois, il était resté bébé sous bien des aspects, Coloquinte le savait. Malgré sa taille et sa force physique, il était naïf. Il connaissait sa maison et son jardin. Il s'était aventuré ici et là dans le bois de Fougeray. Mais jamais encore il n'était allé au village, jamais il n'avait joué avec d'autres enfants. Parfois, quand ils passaient devant chez lui, les petits l'interpellaient, mais il les ignorait. Il n'était pas timide, non : cela ne l'intéressait pas, tout simplement. Ses propres jeux l'absorbaient tant qu'il n'avait pas besoin de compagnie.

Coloquinte avait l'impression d'être une hirondelle qui pousse son petit hors du nid avant qu'il ne sache voler. Mais c'était son devoir. Till devait affronter la vie.

Donc, alors qu'il n'avait que dix semaines, elle l'envoya à l'école.

*

Près du bureau de la maîtresse, Till observait avec audace ses nouveaux camarades. Les gros, les grands, les gras, les petits… Il y en avait de tous les genres, mais pas un n'était en bois. Et pas un ne souriait. Seule Mlle Aneth, qui faisait les présentations, avait le sourire aux lèvres. C'était une jeune femme vive, avec un long serpent de cheveux enroulé sur la nuque.

– Voici Till Brindille, dit-elle. Mais je ne vous apprends rien, j'en suis sûre.

Elle posa une main rassurante sur l'épaule de son nouvel élève.

– Il fait désormais partie de notre classe et je tiens à ce que vous soyez gentils avec lui.

Elle se tut, le temps de reprendre son souffle ; Till eut l'impression qu'elle regardait une petite fille d'une beauté exceptionnelle, assise au premier rang. Celle qui avait des cheveux bouclés argentés et des yeux sombres pleins de malice.

– Faites en sorte qu'il se sente le bienvenu. C'est entendu ?

– Oui, mademoiselle Aneth, dirent les élèves.

– Bien.

La maîtresse regarda l'horloge.

– Il est un peu plus tôt que d'habitude, mais nous allons sortir en récréation. Profitez de ces quelques minutes supplémentaires pour faire connaissance avec votre nouvel ami. Va sonner, Dragée.

Une grande fille chaussée de souliers brillants saisit une clochette et quitta la salle. Un tintement aigu retentit bientôt près des fenêtres de toute l'école. Les chaises furent poussées, les tiroirs refermés d'un coup, les bottes frappèrent le sol et les portes claquèrent. C'était la récréation.

Une fois dans la cour, Till fut entouré de camarades curieux. Candy, celle qui avait des boucles argentées, joua des coudes pour se frayer un passage. Elle était accompagnée de ses deux meilleures copines : Flanelle, qui était pâle et aimait les rubans roses, et Dragée, celle qui venait de sonner la cloche. Elles le dévisagèrent sans la moindre retenue, avec un certain intérêt pour ses jambes et ses mains. Candy se pencha pour le toucher. Elle écarquilla les yeux. Elle caressa les cheveux bouclés de Till, qui étaient en bois. Et elle lui cogna la joue, comme si elle frappait à une porte.

– Alors, tête de bûche, paraît que t'es en bois des pieds à la tête ? demanda-t-elle.

– Oui.

Candy sourit.

– C'est vrai ? Des pieds à la tête, tout partout ?

Ses amies riaient déjà. Till, lui, fronça les sourcils.

– Alors ton zizi aussi, il est en bois ?

Le groupe éclata de rire. Candy faisait l'innocente. Ses yeux noirs étaient chargés de défi et de provocation.

Il y eut soudain une bousculade au dernier rang et Gardon déboula, suivi de Papillon, Rondin et Maillet.

– Dis donc, gronda Gardon avec un geste accusateur en direction de Candy. J'espère que t'es pas en train de l'embêter.

– De quoi je me mêle ? répliqua Candy en lui tapant le doigt. Occupe-toi de tes oignons !

– Les garçons passent en premier.

Candy plissa les yeux.

– Tu connais les règles, insista Maillet, juste derrière elle.

Candy fit volte-face. Gardon n'allait pas la frapper, mais Maillet en était capable, lui.

– Je vous le laisse, dit-elle enfin. De bon cœur. J'ai de vraies amies, moi. Je n'ai pas besoin de jouer à la marionnette.

Elle prit le bras de Flanelle et de Dragée et elles s'éloignèrent toutes les trois. Gardon s'approcha de Till.

– Alors le nouveau, tu réponds ?

Till l'examina. Il était grand et maigrichon, mais il avait l'air de savoir se battre s'il le voulait.

– Je ne comprends pas.

– La fille t'a posé une question, reprit Gardon. Mais on ne t'a pas entendu répondre. T'as un zizi en bois, oui ou non ?

Maillet ricana doucement.

– Oui, répondit Till d'un ton prudent.

– Et ça marche ?

Till le regardait fixement.

– Alors ? Je parle sérieusement : ça marche, un zizi en bois ?

– Oui ! Évidemment, que ça marche ! Je suis exactement comme toi.

– Tu parles ! protesta Gardon.

Il lui passa un doigt crasseux sur le bras.

– Mais si ! riposta Till d'un ton de défi. Seulement moi, j'ai du bois là où tu as du muscle.

– Donc, c'est pas la même chose !

Gardon se mit à tourner autour de lui.

– Tu saignes, des fois ?

– Je sais pas.

– Tu te fais des fractures ?

– Je sais pas.

– Tu as mal ?

– Jamais.

– Alors tu ne sentiras rien si je fais ça, siffla Maillet.

Après avoir fait tomber Till, il lui donna plusieurs coups de pied.

Till était stupéfait. D'instinct, il ferma les yeux et se roula en boule, mais il ne pouvait pas fermer les oreilles.

Les cris et les quolibets étaient plus douloureux que les coups : quatre, cinq, six voix au moins résonnaient. Et il recevait les coups de plus d'une paire de bottes, il le sentait. C'était comme des grêlons qui lui tombaient dessus.

Toutefois, il n'avait pas mal. Il comprit soudain que, même si ses assaillants passaient la journée entière à le frapper, il resterait aussi fort qu'au début. Alors qu'ils rentreraient à la maison couverts de bleus, eux. Mais ses vêtements… Ses beaux habits neufs ! Sa jolie veste, son pantalon… Tout boueux et déchirés ! Ses bottes neuves… Des bottes si belles, si brillantes, comme celles des grands… éraflées et salies ! Sa maman avait puisé dans la tirelire familiale pour les acheter. C'était de l'argent durement gagné.

D'un coup, Till se transforma en un tourbillon de poings et de pieds. Il saisit Maillet par les chevilles, le fit tomber et lui donna un coup. Puis un autre. Il lui tira les cheveux. Lui écrasa le nez. Lui tordit les oreilles. Maillet appelait au secours. Rondin tenta de saisir les bras de Till par-derrière, mais il ne parvint qu'à recevoir un coup de coude dans le ventre. Papillon lui attrapa une jambe, mais Till l'éloigna en le frappant de l'autre. Maillet hurlait, plaqué au sol sous Till, qui enfonçait ses genoux dans la chair tendre de ses bras.

– Tu as vu juste, admit Till. Je ne suis pas comme toi. Je suis plus fort que tu ne le seras jamais. Je suis incassable. Je ne saignerai jamais. Et tu veux que je te dise ? Je ne pleurerai jamais, moi. Alors tu peux me baptiser de tous les surnoms que tu voudras. Tu ne me feras jamais mal. Tu comprends ?

– Oui, siffla Maillet entre ses dents serrées.

– Je n'entends rien.

– OUI !

– Tu te rends ?

Maillet grimaça. Till enfonça ses genoux encore plus fort.

– Tu te rends ?

– OUI ! OUI ! TROIS FOIS OUI !

Till sentit son cœur bondir.

– Bon, dit-il, et il roula au sol pour libérer Maillet.

Celui-ci grogna et tenta de se redresser, mais il avait l'impression d'avoir été passé au rouleau compresseur.

– Tu sais jouer à la course au taureau ?

Gardon était adossé au mur de la cour. Il n'avait pas pris part au combat. Till se tourna vers lui :

– Hein ?

– Est-ce que tu sais jouer à la course au taureau ?

– Non.

– Bon, je vais t'apprendre, dit Gardon. Ceux qui ne savent pas y jouer ne peuvent pas faire partie de la bande.

Till le regarda, les yeux ronds.

– Tu veux que je fasse partie de ta bande ?

– Ben oui. Si tu n'y entres pas, tu iras rejoindre celle de Lacet, et ce sera mille fois pire, expliqua Gardon. Tu sais te battre. Je veux que tu sois de mon côté, pas contre moi.

– Donne-moi une raison de faire partie de ta bande.

– On est les meilleurs, affirma Gardon, tout sourire.

Till hésita à l'interroger, mais il fallait qu'il en sache plus.

– Qu'est-ce que je dois faire pour être des vôtres ?

– Rien. Tu as déjà réussi l'épreuve. Les bleus de Maillet sont là pour le prouver.

Maillet râlait en se frottant les côtes.

– Alors, demanda Gardon, qu'est-ce que tu en dis ? C'est entendu ?

Till était pris de court. Le monde était vraiment bizarre ! Mais il finit par répondre :

– D'accord. J'en suis.

CHAPITRE 4

TILL AVALA SA DERNIÈRE BOUCHÉE DE FRIAND ET ESSUYA ses mains sur son pantalon. Il aurait bien voulu en reprendre, mais il n'avait pas le droit. Sa mère lui avait interdit d'entrer dans la cuisine. En ce premier jour de printemps, la famille Grenier organisait la fête des Fleurs. Tandis que Coloquinte cuisinait avec soin ses bons petits plats, Till était allé fureter dans la cuisine et avait plongé ses doigts dans les bols. Alors elle l'avait mis à la porte.

Il alla rejoindre son père, qui aiguisait sa hache au fond du jardin. Des branches et des bûches étaient posées à ses pieds en tas désordonné.

– Je vais fendre les bûches, dit Pignon, mais tu peux m'aider à débiter le petit bois. Si on coupe toutes ces branches-là, on aura de quoi faire un joli feu de joie, ce soir. Tu les tiens et moi, je les scie. Il n'y en a pas pour longtemps.

Il disait vrai. Vingt minutes plus tard, toutes les branches étaient entassées pour préparer le grand feu. Il ne restait plus que les bûches. Les troncs étaient débités, mais en morceaux trop volumineux pour tenir dans le poêle. Il fallait les fendre.

– Je vais finir ça, dit Pignon. Rentre donc à la maison. Commence à ranger.

Il prit une bûche et la posa à la verticale sur le billot. Il saisit sa hache, la leva bien haut et TCHAC ! la lame s'abattit et fendit le bois en deux beaux morceaux. Mais Pignon grimaçait.

– Ça va, Papa ?

– Oui, oui, ça va, répondit Pignon d'une voix sourde. Ce n'est qu'une petite douleur. Difficile, à mon âge, de travailler toute la journée sans réveiller une petite douleur.

Il se pencha lentement pour ramasser la seconde bûche.

– Je vais t'aider, annonça Till. Je vais te passer les bûches ; comme ça, tu n'auras plus besoin de te plier en deux.

Pignon s'accouda sur le manche de sa hache.

– Tu as sûrement raison. Ça épargnera mes vieux os.

Ils se mirent à l'ouvrage. Till s'agenouilla aux pieds de Pignon ; à chaque fois que celui-ci avait fendu une bûche, son fils en déposait une nouvelle sur le billot. À eux deux, ils formaient une belle équipe. Ils adoptèrent sans tarder un rythme régulier et le volume du tas de bois diminua rapidement. Till était incroyablement heureux. Comment aurait-il pu ne pas l'être ? Sous un soleil radieux, il aidait son père à préparer un grand feu de joie… et un renard se tenait caché derrière le pommier ! Till l'observait du coin de l'œil. L'animal était en train de manger quelque chose.

Sans réfléchir, Till tourna la tête pour mieux voir et oublia de ramener ses mains vers lui ; son père, de plus en plus fatigué, ne le remarqua pas et TCHAC ! la hache coupa net la main de Till ! Après un vol dans les airs, sa main atterrit dans le panier à bûches.

– OOOOOH ! cria Till. OH ! Ma main ! Papa ! Ma main !

Pignon lâcha son outil et baissa la tête, horrifié.

– Oh ! Nom d'un petit singe ! s'écria-t-il. Qu'ai-je fait ? Qu'ai-je fait ? Oh, mon pauvre garçon !

Il tomba à genoux et prit Till dans ses bras.

– Quel vieil idiot je suis ! Quel vieux fou ! Je n'aurais jamais dû faire ça ! Oh ! Oh !

Il serrait Till bien fort contre lui, au point de l'étouffer.

– Tu as mal ? Mon fils ! Tu as mal ?

– Non, non. Ça ne fait pas mal.

Il se sentait tout de même défaillir. Sa poitrine se soulevait. Il crut qu'il allait pleurer, mais les larmes ne vinrent pas.

– Qu'allons-nous faire ? gémit Pignon. Qu'allons-nous faire ? Oh, quel vieil imbécile je suis !

Il berçait Till comme un bébé en se balançant d'avant en arrière.

– Papa, regarde.

Mais Pignon ne l'écoutait pas. Son esprit travaillait aussi vite qu'une abeille qui butine.

– Que faire ? répétait-il. Voyons, il faut réfléchir. Réfléchir !

– Papa ! insista Till en se libérant. Papa ! Regarde !

Pignon obéit. Till lui montrait le bout de son bras. Une étrange sève blanche suintait de la plaie. Et ce liquide vibrait, si vite qu'il semblait n'être qu'un reflet à la surface de la coupure.

– Ça fait mal ? murmura Pignon.

– Non. Ça chatouille. Oh !

– Qu'est-ce que... Oh ! Ça alors !

La main était en train de repousser. Ils regardèrent le moignon, qui semblait s'étirer tandis que quatre petites boules apparaissaient à l'extrémité. Elles se transformèrent en doigts. Une cinquième bosse, sur le côté, donna naissance à un pouce. Le tout avait pris à peine deux minutes, et cette main toute neuve était parfaite. Till remua les doigts. Ils fonctionnaient. Bien malin qui aurait deviné que ce n'était pas sa main de naissance.

– Je n'arrive pas à y croire, dit Pignon. Je l'ai vu, de mes yeux vu, mais je n'arrive pas à y croire. C'est absolument extraordinaire !

– Où est mon ancienne main ? demanda soudain Till. Je crois que je l'ai vue tomber dans le panier.

Ils déplacèrent les bûches : elle n'était pas là. Ils cherchèrent alors par terre et déplacèrent le moindre bout de bois, mais elle avait disparu.

– Comment vais-je expliquer ça à ta mère ? demanda Pignon. Tu avais deux mains, puis une seule, et voilà que tu en as de nouveau deux, alors même que l'autre reste introuvable ! Oh, ta mère va m'en vouloir, je le sens. Je n'aurais jamais dû te laisser m'aider. Tout ça, c'est ma faute.

– Qui nous oblige à lui en parler ? Ça ne lui ferait pas plaisir d'entendre ça. Ma main a repoussé, après tout. Maman n'a pas besoin de savoir.

Pignon secoua la tête.

– Je n'aime pas garder des secrets, et il s'est bel et bien passé quelque chose. D'un autre côté, je n'ai pas envie de faire de la peine à ta mère. Surtout aujourd'hui...

C'est un jour pas comme les autres. Si tu savais comme elle aime sa fête des Fleurs ! Tous les ans, je lui répète qu'on va se contenter de recevoir quelques amis, mais, sans que j'aie le temps de dire ouf, elle invite tout le village, dresse le menu et commande un feu d'artifice ! Ce matin, elle s'est levée avant les poules pour mettre ses gâteaux au four. Elle était si excitée qu'elle n'a pas fermé l'œil de la nuit. Une nouvelle comme celle-là va tout gâcher. C'est sûr et certain.

– Alors on garde ça pour nous ?

– Oui, conclut Pignon. Ça reste entre nous. Et on va préparer une fête comme Pompedouve n'en a jamais connue !

Il disait vrai. Ce soir-là, le ciel irradia de feux d'artifice. L'air fut adouci par les chansons. La terre vibra sous les pieds des danseurs, et toutes les assiettes furent vidées jusqu'à la dernière bouchée. Le secret resta bien caché, comme une feuille sèche serrée entre les pages d'un livre.

Chapitre 5

Till, couché dans son lit, tendait l'oreille. On était au beau milieu de la nuit, mais il se passait quelque chose dehors. Il regarda par la fenêtre. Il faisait noir. De lourds nuages cachaient la lune. Mais il aperçut des silhouettes. Des bêtes immenses qui tiraient de longues roulottes. Emmitouflés, la tête couverte d'une cape, des gens marchaient à leurs côtés. Des lanternes suspendues brillaient et se balançaient comme des lampes de contrebandiers. La procession magique, silencieuse, venue d'un autre monde, se fondait dans l'obscurité sur le chemin du village. Le cirque Carmenero arrivait.

En allant à l'école, Till vit le campement, dressé sur les terres du fermier Lacrasse. Il y avait là des dizaines de roulottes multicolores, ornées de glands dorés qui dansaient sous la brise. Les cages des animaux étaient entourées de barreaux argentés et leur toit était peint. Une longe dorée était nouée à la cheville des éléphants. Les bouilloires chantaient sur les feux de camp et les marmites de porridge étaient pendues au-dessus des flammes. Et il y avait aussi des gens : des forains exotiques et mystérieux, vêtus de gilets brodés et de capes extravagantes.

Des femmes aux cheveux relevés et au sourire facile. Des hommes aux yeux sombres et au menton gris. Des enfants en costumes rapiécés, le visage crasseux et les mains pleines de petits pains chauds.

Devant toutes ces merveilles, Till resta sans voix.

*

Le soir venu, le cirque était prêt à ouvrir. Till quitta la maison et traversa le verger pour rejoindre plus vite le champ de Lacrasse. Une brume légère flottait. L'air était stable, étrangement lourd. Till marchait d'un bon pas, le cœur battant. Quand il sortit de la pénombre et vit l'énorme palais des Étoiles surgir dans le brouillard comme un temple oriental, il retint son souffle et se mordit la lèvre. Les mots lui manquaient pour décrire une telle beauté. Dans l'herbe haute, la rosée du soir mouillait ses jambes et des graines s'y étaient collées, mais il ne le remarqua pas. Il regardait les lanternes, aussi brillantes que des perles, pendues entre les roulottes. Il entendit le ronronnement des voix des villageois, le rugissement d'un lion, le claquement d'un fouet.

En s'approchant encore, il perçut un parfum de barbe à papa et de noisettes grillées au miel. De saucisses. De savon. De feu de bois. De tabac. Et une puissante et sulfureuse odeur de poudre !

Till était assailli par un déluge de sensations joyeuses et déconcertantes. Il serra l'argent qu'il avait dans sa poche. Ces trois précieuses pièces lui permettraient de s'offrir un séjour dans ce petit paradis.

– Te v'là donc, Till ! cria Gardon en se détachant de la foule, suivi de sa bande. Où tu étais, ma parole ? On commençait à croire que tu ne viendrais pas ! Qu'est-ce que tu fabriquais ?

– Rien, je regardais.

Tous les amis hochèrent la tête. Il n'y avait rien à ajouter.

– Venez, on va prendre un billet, dit Papillon. Comme ça, on pourra avoir les meilleures places, quand ils ouvriront le chapiteau.

Une demi-heure plus tard, Till était assis au premier rang, et le parfum rose de sa barbe à papa se mêlait à l'odeur crue de la sciure. Au-dessus de lui, il observa l'installation des trapézistes : toute une série de cordes, de nœuds, d'échelles et de plates-formes. Au fond, derrière la piste, un rideau de velours bleu nuit, orné de glands dorés, était tendu. Deux fillettes se tenaient prêtes à le lever ou à le baisser tout au long du spectacle. Deux beautés maquillées, aux longues jambes et aux cheveux bouclés. La tribune de l'orchestre, en bois sculpté, était juste au-dessus de ce rideau, et les lampions qui y étaient pendus se balancèrent quand les musiciens se mirent en place. Ces gens étaient drôlement assortis ! Leurs costumes, tous différents, étaient ornés d'un coupon de velours par-ci, d'un carré de brocard par-là ; c'était un festival de boutons d'argent et de casquettes à plumes, de moustaches cirées et de barbes pointues. Till trouvait ces hommes fantastiques.

Soudain, on éteignit les lampes suspendues au chapiteau. Le public était installé. Les musiciens jouaient. Les jolies filles tirèrent le rideau, et l'on vit surgir… un cochon ! Un gigantesque cochon couvert de poils bouclés, que chevauchait un singe coiffé d'un haut-de-forme luisant. Il parcourut la piste comme un bolide puis s'arrêta net, fit plusieurs tours sur lui-même et se dressa sur ses pattes arrière. Le singe leva son chapeau et agita la main.

Les spectateurs en avaient le souffle coupé, mais ils n'eurent pas le temps de se ressaisir, car le rideau s'ouvrit encore et une dizaine de cochons supplémentaires déboulèrent ! L'arène n'était plus que grognements et coups de groin, jambons sur pieds et queues en tire-bouchon. Leurs pattes soulevaient la sciure ; leurs gouttes de sueur voletaient comme des mouches en cristal. Les musiciens jouaient de plus en plus fort, de plus en plus vite, à tel point que la tribune entière se balançait et vibrait.

La foule beuglait d'excitation quand soudain... DZING ! les cymbales résonnèrent, les cochons quittèrent la piste en trottinant et, au son d'un seul et unique violon, une jeune fille parut. Avec un sourire, elle fit la révérence, et tout le public tomba aussitôt amoureux d'elle. Elle était exquise, aussi belle qu'une perle de rosée. Une échelle de corde se déroula devant ses pieds et elle se mit à monter, monter, monter encore vers le sombre plafond du chapiteau, où des lanternes scintillaient comme les étoiles dans le ciel. Une fois en haut, elle s'assit sur une minuscule plate-forme et fit une pirouette tandis que le public tapait du pied et applaudissait. La jeune fille se mit à danser sur un fil argenté tendu entre deux poteaux.

Till était sous le charme.

Elle scintillait.

Elle clignotait.

Elle planait comme un flocon de neige.

Elle était courageuse.

Elle était magnifique.

Elle TOMBAIT...

Elle tombait telle une goutte de pluie dans le ciel nocturne. Une petite tache blanche, comme une colombe avec une aile brisée. Horrifiés, les spectateurs criaient ou se plaquaient la main sur la bouche, sans quitter des yeux la malheureuse. Till bondit sur ses pieds en hurlant :

– NOOOON !

Alors la jeune fille ouvrit un parapluie et flotta jusqu'au sol. Aussi légère qu'un duvet, elle se posa sur ses pieds sans soulever le moindre nuage de sciure.

Pris de délire, le public rugit si fort que la funambule aurait pu en perdre l'équilibre. Tout le monde criait et braillait – d'excitation, de soulagement, d'admiration devant un tel talent.

De l'autre côté de la piste, Till vit Candy. Elle gigotait sur son banc, les bras croisés sur la poitrine. Trois rangs derrière, Frimousse était en larmes. Frimousse en larmes ! C'était incroyable. Elle que tout le monde prenait pour un garçon ! C'était une fille aux cheveux courts, qui ne portait jamais de robe et crachait plus loin que Papillon. Qui aurait pu deviner qu'elle pouvait sangloter comme un bébé ? C'était pourtant le cas : elle était hébétée et les larmes ruisselaient sur ses joues.

Till croyait que c'était le numéro le plus éblouissant du spectacle, mais il se trompait. Le cirque Carmenero était aussi sensationnel que ses affiches le promettaient. Les séquences inoubliables se succédèrent sans fin. On vit des acrobates, des jongleurs et des cracheurs de feu. Les trapézistes voltigèrent comme des hirondelles. Les fauves avaient des manteaux gris fantomatiques et la queue tressée. Il y avait aussi monsieur Muscle, qui transformait des barres d'acier en fers à cheval en les tordant autour de son cou, dans un tel effort que ses veines gonflaient et bleuissaient. Un autre homme jouait le rôle d'un boulet de canon et se faisait projeter jusqu'au sommet du chapiteau avant de retomber sur un filet, la tête la première. Enfin, Savate le clown mitrailla le fermier Baliverne avec son pistolet à bulles ; tandis que le malheureux ruisselait, le public hurlait de rire : le clown n'aurait pas pu choisir une meilleure cible.

Bientôt, beaucoup trop tôt même, Carmenero entra en piste d'un pas rapide et annonça le numéro final. Les musiciens en sueur entamèrent une grande marche et tous les artistes défilèrent en agitant les bras, souriant et envoyant des baisers à la foule. Un cri retentit. Tous s'écartèrent pour ouvrir la voie à dix moufettes parées d'un ruban bleu autour du cou.

Elles se dispersèrent sur toute la piste, sautèrent sur la banquette en bois qui l'encerclait, montrèrent leur derrière au public, levèrent la queue et psss ! lancèrent chacune un petit jet de liquide. Les spectateurs hurlèrent et se contorsionnèrent pour y échapper. Mais l'air était chargé… d'un délicieux parfum de rose ! Une senteur douce et chaude, comme celle qui plane sur le jardin par un beau soir d'été. Avec un soupir de soulagement, les gens éclatèrent d'un rire ravi. Le spectacle était terminé.

Chapitre 6

La foule s'était dissipée, les costumes étaient pendus, le maquillage savonné, le pop-corn balayé et les animaux nourris. Till s'assit sur les marches de l'une des caravanes pour écouter les histoires du cirque. Jamais il n'avait vu une femme aussi vieille que Rubis, la conteuse. Son visage était quadrillé de rides. Ses cheveux étaient argentés, tout comme les bagues qui ornaient ses doigts noueux. Mais quand elle évoqua l'époque où elle était trapéziste, ses yeux brillaient comme ceux d'une petite fille.

– En ce temps-là, je me produisais en compagnie de mes sœurs. Notre nom de scène, c'était les Libellules. Nous portions des costumes à paillettes – violettes, bleues et vertes – et, quand nous nous envolions dans les airs, nous étions magnifiques. Tu as déjà observé des libellules ? Elles volettent sur place, n'est-ce pas ? On dirait que rien ne les retient, rien sinon leur plaisir de flotter dans les airs. Eh bien, nous étions pareilles. Surtout ma petite sœur, Rosée. Quand elle s'envolait, le public oubliait de respirer. Elle était ravissante.

Avec un sourire, la vieille femme prit une gorgée de thé.

– Tu te souviens de Gaze, la fildeferiste que tu as vue ce soir ? C'est l'arrière-petite-fille de Rosée. Elle a hérité de son talent, il n'y a aucun doute.

Rubis fit une pause pour regarder au loin dans le noir. D'un geste, elle convia quelqu'un.

– Viens ! Viens donc ! Ne sois pas timide. Tout le monde est le bienvenu, ici.

Frimousse sortit de l'ombre et les rejoignit. Till ne l'avait jamais vue aussi rayonnante. Elle n'était pas comme d'habitude : elle semblait plus mûre, mais en même temps toute jeune.

Ils restèrent devant la roulotte jusqu'à minuit passé, Till l'enfant en bois et Frimousse le garçon manqué. Au-dessus de leur tête, les constellations flottaient dans le ciel nocturne. Sous leurs pieds, l'herbe était couverte de gouttelettes. Mais ils ne bougeaient pas, ils écoutaient Rubis. Elle avait déjà raconté ces histoires une centaine de fois, mais son sourire révélait le plaisir qu'elle trouverait à les raconter cent fois de plus.

Les mots coulaient comme du miel pour Till et Frimousse, qui s'en régalaient comme des ours gourmands. Pendant trois nuits, ils vinrent ainsi écouter Rubis après le spectacle. Le dernier soir, elle parla de son amour pour le cirque.

– Ma vie m'a apporté un grand bonheur, expliqua-t-elle. J'appartiens à deux familles : ma famille de naissance et celle du cirque, c'est-à-dire de tous les gens que vous avez vus ici, ce soir. Le cirque est un lieu enchanté. D'où que l'on vienne, qui que l'on soit, on y est soi-même, et c'est la seule chose qui compte. Si l'on veut devenir quelqu'un d'autre, c'est possible ! Nous sommes comme des chenilles : chaque soir, nous nous habillons d'étincelles et de paillettes. Nous nous grimons. Nous sourions. Et soudain, c'est l'éclosion : nous devenons des papillons. Pendant les quelques minutes que nous passons sur la piste, sous la lumière des lanternes, nous sommes qui nous avons choisi d'être. C'est extraordinaire.

« Il y a beaucoup d'amour entre nous. Quand nous sommes sur la route, nous fonctionnons ensemble. Il le faut. Et parfois, c'est dur ; parfois, il pleut et nous sommes trempés jusqu'aux os, mais nous avançons. Parce que nous savons que nous vivrons des moments plus doux. Des moments magiques. Par exemple, quand on est sur un trapèze et qu'on voit tous ces visages levés, comme des pâquerettes dans un pré. Ou bien le soir, quand il est tard, que les feux de camp brûlent et que l'on est assis sous les étoiles, entouré de tous ceux que l'on aime… Oui, ce sont des instants irremplaçables, et pour rien au monde je ne voudrais m'en priver. Pour rien au monde. »

*

Au matin, le campement avait disparu. Till ne vit qu'un grand vide à la place du chapiteau. De la terre écrasée là où les roulottes avaient stationné. Des cercles noircis par les flammes là où les feux de camp avaient flambé. Tout ce qui restait du cirque, c'était une affiche oubliée qui pendait mollement sur un arbre. Tout semblait grisâtre et abandonné, désespérément ordinaire.

En revanche, Gardon était toujours aussi vif. Il arriva en courant dans la cour de récréation et annonça, à bout de souffle :

– Vous êtes au courant ? Quelqu'un est parti avec le cirque !

– Pas possible ! crièrent tous les copains d'une seule voix. Qui ça ?

– Je ne sais pas, toussa Gardon en reprenant sa respiration. En tout cas, c'est une fille.

Till ferma les yeux et revit Frimousse assise sur la marche de la caravane, près de lui, ses yeux luisants perdus dans le lointain, ses joues roses d'excitation, se mordant la lèvre tout en rêvant de s'enfuir.

– C'est Frimousse, dit-il.

– M'étonnerait, trancha Rondin. Elle est là, regarde.

Frimousse franchissait la porte de la cour en faisant danser son cartable et en chantant l'un des airs entendus au spectacle.

Till courut vers elle.

– Je croyais que tu étais partie avec le cirque !

– Pourquoi ? demanda-t-elle.

– Quelqu'un les a suivis, expliqua Till.

– Non, je veux dire : pourquoi moi ? Pourquoi tu as cru que c'était moi ?

– Parce que…

Il se tut, gêné : son raisonnement n'était pas forcément élogieux.

– Parce que tu te dis que je ne suis pas à ma place ici, hein ? reprit Frimousse, comme si elle lisait dans ses pensées. Tu as cru que cette histoire de changement de personnalité allait m'attirer ?

Till était mal à l'aise. Frimousse sourit et continua ses explications, car elle s'amusait bien.

– Tu es persuadé que j'ai envie d'être un garçon, c'est ça ? Et qu'en me joignant aux artistes, j'aurais pu faire semblant d'en être un ? Écoute-moi bien : oui, j'aimais beaucoup Rubis, j'ai adoré ses histoires et tout ce qu'elle nous a raconté, mais je n'ai jamais eu l'intention de prendre la route avec les gens du cirque. Jamais. Je veux devenir médecin. Il faut que je fasse des études. Et non, je n'ai pas envie d'être un garçon, je veux juste être adulte. Ce n'est pas pour tout de suite, voilà tout. Je préfère la compagnie des garçons, c'est vrai. Je n'aime pas trop les histoires de filles. Les beaux habits, les jolies coiffures, les chichis et les confidences, ce n'est pas pour moi. Regardons les choses en face : le monde n'a pas besoin d'une autre Candy. Au fait, c'est elle qui est partie avec le cirque.

– Candy ? Tu en es sûre ?

– Absolument. J'ai vu sa mère sortir de chez elle, ce matin. Elle allait à sa recherche.

La cloche sonna. Till et Frimousse rejoignirent leur classe et la journée put commencer. La vie reprenait son cours. Comme si le cirque n'était jamais passé par là. À ceci près qu'il y avait une chaise vide dans la classe, et un portemanteau nu dans le vestiaire. Quand Mlle Aneth fit l'appel et prononça le nom de Candy, personne ne répondit.

Chapitre 7

Till, assis sur la clôture du jardin, regardait son père planter des choux. L'école, c'était fini pour tout l'été. Une période de longues journées de vacances commençait, sans autre but que se reposer et rêver.

– Fiston, dit Pignon Grenier, quand on est un grand costaud comme toi, on ne reste pas assis au soleil pendant des semaines les bras croisés, ça ne se fait pas. Ça ramollit le cerveau. Non, il te faut un travail. Un vrai travail, avec les hommes. Et...

Il se tut un instant pour ménager son effet.

– Ce travail, je l'ai trouvé pour toi !

Till n'en croyait pas ses oreilles. C'était une terrible nouvelle.

– Tu commences demain, ajouta fièrement Pignon. Chez le fermier Molleterre. Il tient un élevage d'oursins des bois.

– C'est quoi, un oursin des bois ?

– Ma parole, fiston, tu ne le sais donc pas ? Qu'est-ce qu'on vous apprend, à l'école ? C'est comme ça qu'on appelle les hérissons, chez nous. Mais, chez Molleterre, on n'élève pas des hérissons ordinaires, comme ceux qui logent sous la haie. Non, non, non ! Les siens sont bien plus gros.

– Qu'est-ce que je devrai faire ?

– Oh, de petites tâches routinières, l'entretien des hangars, tout ça.

– Et je serai payé ?

– Bien sûr que tu seras payé ! C'est un vrai travail, je te dis. Tu verras tout ça sur place, demain matin.

*

La ferme de Molleterre était au-delà du bois de Fougeray, et Till dut quitter la maison de bonne heure. La brume flottait encore au-dessus des champs quand il aperçut un panneau :

FERME DE MOLLETERRE
LES PLUS BEAUX OURSINS DES BOIS
Propriété de Maillet Molleterre

Derrière le portail, un long chemin gravillonné menait au bâtiment principal, entouré de granges et de remises. Mais Till était pour l'heure captivé par ce qui se passait à sa gauche : un homme menait vers un épais taillis un troupeau de hérissons absolument énormes. Plus gros que des cochons ! Ils marchaient lentement, tout en reniflant et en grognant, sans prêter la moindre attention aux chiens de garde qui jappaient derrière eux avec impatience.

Ils disparurent derrière les arbrisseaux, et l'homme fit un petit signe à Till avant de le rejoindre.

– Les voilà au bois, dit-il. Ça grouille de vers de terre et autres délices, par là-bas.

– Je ne savais pas qu'ils étaient si grands. Gigantesques, même.

– Oh, ils n'atteignent pas tous cette taille-là. Selon leur envergure, ils conviennent à différentes tâches. Certains ne sont pas plus gros que mon pouce.

– Mais à quoi servent-ils ? demanda Till tandis qu'ils traversaient la cour. Pourquoi faut-il qu'il y en ait de plusieurs tailles ?

L'éleveur éclata de rire et lui donna une tape sur le dos.

– Tu as beaucoup à apprendre, mon petit gars ! Mais tu te trouves face au plus grand spécialiste. Personne ne connaît les oursins des bois mieux que moi, garanti sur facture ! Dans cette ferme, j'élève les plus beaux de tout le pays. Oui, mon petit monsieur ! Des vrais champions, mes hérissons ! Tu as entendu parler de la coupe des hérissons ?

Till secoua la tête.

– Non ? Pourtant, elle est très renommée ! Chaque année, les éleveurs de toute la région présentent leurs animaux à la foire de Friche-aux-Champs. On y décerne plusieurs prix et je les ai tous remportés au moins une fois ; mais le plus convoité, c'est la coupe des hérissons. Mon jeune ami, sache que depuis dix ans, c'est moi qui l'obtiens à chaque fois. Et voici le bijou grâce auquel je compte bien la décrocher cette année encore.

Il ouvrit la porte de la grange et une puissante odeur de hérisson frappa Till en pleine figure. Quand ses yeux s'habituèrent à l'obscurité, il distingua une cage garnie de tourbe, une auge pleine d'eau et une mangeoire remplie de vers de terre, ainsi qu'une grosse bête ronde hérissée de piquants.

– Hein, qu'elle est belle ? murmura l'éleveur. Elle s'appelle Picote.

Till hocha la tête, bouche bée.

La hérissonne était énorme. Ses piquants étaient longs comme des flèches, d'un noir luisant, avec une pointe ambrée. Elle dormait profondément, roulée en boule bien serrée.

– Elle est magnifique, souffla Till.

– Je pense bien, approuva Molleterre, non sans fierté. Attends un peu de voir sa tête.

Il émit alors une étrange roucoulade, et la boule se déroula lentement. Till distingua d'abord un long museau duveteux qui s'achevait sur une truffe scintillante, puis des moustaches frémissantes et des yeux aussi noirs que le destin.

– Alors, dit l'éleveur, c'est pas joli, ça ?

Till hocha la tête. Mais ces yeux... Malgré leur beauté, ils exprimaient une certaine tristesse. L'espace d'un instant, Till eut une vision. Une forêt. Des arbres enneigés. Des cachettes secrètes et silencieuses. La vie sauvage, en liberté. Il comprit soudain ce que la hérissonne avait perdu, et qu'il avait perdu lui aussi. Mais, jusqu'à cet instant, il n'en avait jamais eu conscience.

Le patron mena Till dans plusieurs bâtiments pour lui montrer toutes ses bêtes. Il y en avait de toutes les tailles et de toutes les couleurs : depuis les nouveau-nés, pas plus gros que des brosses à dents toutes roses, jusqu'aux mâles adultes, de la taille d'un tonneau de bière.

Derrière les granges, dans les ateliers, les ingénieurs mettaient au point leurs dernières inventions. On montra à Till les vitrines où étaient exposées toutes sortes de brosses et d'appareils, dont une machine à ramasser les feuilles mortes. Avec son pédalier et son siège haut placé, son guidon et ses roues très larges hérissées de piquants, l'engin ressemblait à une bicyclette. Près des vitrines se trouvait un autre outil hors du commun : une longue brosse, fixée sur un poteau dans le sens de la longueur.

– C'est un grattoir à vache, expliqua Molleterre. On fabrique de tout, ici ! Mais passons aux choses sérieuses, ajouta-t-il en donnant à Till une tape dans le dos. Tu te demandes quelle tâche je vais te confier, pas vrai ?

Till fit oui de la tête.

– Eh bien, quand ton père m'a parlé de toi et de… euh, de ton côté inhabituel, j'ai eu vraiment envie de t'engager. C'est le moins qu'on puisse dire !

– Pourquoi ça ? demanda Till en fronçant les sourcils. Je n'ai pas d'expérience dans l'élevage d'oursins des bois. Pas d'expérience du tout, même. C'est mon premier emploi.

– Oui, mais tu es… comment dire ? Exceptionnellement qualifié pour un poste bien précis. Tu es en bois, mon garçon ! En bois ! Les piquants ne te feront pas mal. Pour toi, les hérissons sont de petits poussins duveteux.

– Alors je vais m'occuper des bêtes ? Je pensais que vous me chargeriez d'entretenir les locaux.

– Parbleu, non ! répliqua le fermier en riant. Tu ne feras pas le ménage ! Tu opéreras dans le service d'extraction de piquants dès demain matin. D'ailleurs, tu ferais bien de retourner chez toi tout de suite. Va prendre des forces avant le grand jour. Tu en auras bien besoin.

Till rentra donc à la maison. Après avoir passé l'après-midi à fabriquer un cerf-volant, il n'eut pas le cœur à le faire voler. Il se coucha de bonne heure, mais ne put s'endormir. Il avait des questions plein la tête. « L'extraction de piquants… » Qu'est-ce que cela pouvait bien être ? Il s'agissait certainement d'ôter leurs pointes aux hérissons, mais comment ? Parfois, à l'école, Gardon se penchait vers Flanelle et lui arrachait un cheveu, un seul. La malheureuse hurlait de douleur, les larmes aux yeux, et il ne s'agissait que d'un petit cheveu de rien du tout. La souffrance d'un hérisson auquel on enlève ses piquants devait être bien plus vive. Un véritable supplice. D'ailleurs, les animaux ne restaient certainement pas inertes en attendant que ça se passe : ils devaient se mettre en colère. Attaquer, donner des coups de tête, piquer et déchirer la main de leur agresseur. Pas étonnant que le patron éprouve un tel intérêt pour Till : il allait probablement le charger d'arracher, jusqu'au dernier, tous les piquants des plus grosses bêtes de l'élevage.

Il trouva enfin le sommeil. Un sommeil troublé, fourmillant de piquants, de dents et d'énormes pinces à épiler. Quand Till s'éveilla enfin, épuisé et troublé, le soleil était déjà haut. Il était temps de partir.

Chapitre 8

Till entendit les hurlements bien avant d'entrer dans la cour de la ferme. Il vit des ouvriers qui couraient en tous sens, armés de bâtons et de fourches, le visage décomposé par la peur.

Cette agitation venait d'une remise couverte de planches de sapin, devant laquelle un panneau annonçait : *Extraction de piquants*. Il y entra. Le bruit était assourdissant : les cris de lamentation d'un animal se doublaient d'un gémissement étouffé. Les hommes s'étaient amassés autour de l'une des cages. Till regarda par-dessus leurs épaules et assista à une scène cauchemardesque.

Un énorme hérisson noir se frottait contre le mur, comme pour se soulager d'une démangeaison ; le gémissement provenait de ce mur, justement. Till comprit soudain que l'animal y avait plaqué un employé et qu'il le transperçait avec ses piquants. L'équipe tentait désespérément de glisser des bâtons derrière la bête afin de libérer le pauvre homme. Ils finiraient par réussir, mais cela prenait trop longtemps. Till sentit deux mains se poser rudement sur ses épaules et une voix bourrue annonça :

– Ah-ha ! Voici l'homme de la situation !

Molleterre tira Till vers lui, tout en ouvrant la porte de la cage.

– Sors Pavé de là-dedans. Sans traîner, mon petit gars !

Il le poussa en avant.

Pas le temps de réfléchir : l'intelligence devait s'effacer devant l'instinct. Till saisit le blessé et le traîna jusqu'à l'autre bout de l'enclos, où des mains tendues l'accueillirent et le soulevèrent pour le déposer sur un brancard improvisé et l'emmener. Pour lui, c'était fini. Mais pour Till, c'était autre chose.

Le hérisson fulminait. Il poussait des cris aigus, crachait et repoussait les bâtons.

– Il n'y a pas moyen de le retenir ! cria l'un des employés. Sors de là le plus vite possible !

Till voulut bouger, mais il n'y parvint pas. Ses jambes ne fonctionnaient plus.

– Il charge !

La bête écarta les bâtons et fonça tête baissée. PAF ! Son long museau noir heurta le derrière de Till, qui fut expédié par-dessus le grillage et les hommes et qui retomba sur un fatras d'objets amassés dans un coin.

– Nom d'un rayon de lune ! s'écria le patron en le tirant par les pieds. J'ai bien cru que ta dernière heure était arrivée ! Rien de cassé ?

– Euh… non. Je suis incassable. Mais je me sens quand même un peu sonné.

– Je pense bien ! C'était un sacré choc. Je ne sais pas comment tu fais pour tenir debout après ça. Mais je te félicite, mon petit. Bravo ! Et bravo à vous aussi, les gars. Coquemar, mets la bouilloire à chauffer ! Mocassin ? Sois gentil, va à la cuisine et demande à la patronne de nous préparer un gâteau à la carotte, tu veux ?

Il posa son bras sur les épaules de Till et lui fit un grand sourire.

– On a bien mérité une petite gourmandise, il me semble.

Les hommes s'épongèrent le front et échangèrent une poignée de main avant de prendre le chemin de la cantine. Till était des leurs.

*

– Il va s'en remettre ?

Till se lécha le doigt et le passa dans son assiette pour récolter les dernières miettes de gâteau.

– Mais oui, bien sûr, répondit Licou Chevasson, assis à côté de lui. Il a la peau dure, ce Pavé Lamalle. Dès que ses cloques auront cicatrisé, il ira bien.

– Ses cloques ?

– Ouais, dit Furet Verdier, debout devant la fenêtre. Ce hérisson n'est pas comme les autres, tu sais. C'est un dos-noir des cimes. Une race très dangereuse. Ces bêtes-là ont des piquants venimeux qui provoquent des cloques. Des bubons énormes, pleins de pus.

– De pus qui pue, ajouta Mocassin Mercier, qui revenait avec le gâteau.

– Tu peux le dire. Il faut qu'un médecin les stérilise avant qu'ils n'éclatent. On les transperce avec une longue, longue aiguille… (Il écarta les mains pour donner à Till une idée de la longueur.) Ensuite, on appuie dessus pour que ça sorte… Oh, tu ne peux pas imaginer l'odeur. À retourner les boyaux d'un mort.

– Il faut vraiment voir le docteur ? demanda Till, fasciné.

– Non, dit Licou. Pas forcément. Seulement, si on ne fait rien, les cloques éclatent spontanément et là, ça fait des dégâts.

– Dans le temps, on avait un collègue qui s'appelait Piolet Rondeau…

Celui qui avait pris la parole était Pouce Adams ; assis sur un tonneau renversé, il ressemblait à un gnome.

– Il a eu des cloques, une fois. Il refusait de voir le docteur. Quand ça a éclaté, il y a eu tant de dégâts qu'il a fallu brûler son lit.

– Et son tapis.

– Et ses rideaux.

– Et son papier peint. Le pus avait jailli dans tous les sens et tout était imbibé.

Pouce se pinça le nez avec dégoût.

– Ça sentait mauvais, mais alors ! Pas moyen de dissiper l'odeur.

– Il est temps de retourner au travail, les gars ! ordonna Molleterre en entrant dans le réfectoire. Till, tu vas t'occuper de Cloque.

– De Cloque ? Vous voulez dire…

– Mais oui ! Je parle bien de la bête avec laquelle tu viens de te battre. Elle s'appelle Cloque. Ces messieurs t'ont dit pourquoi, je présume ?

Ses yeux pétillaient. Soudain, Till pensa à Gardon, qui aimait tant faire des farces. Il se détendit et soupira :

– Ah bon, c'était une blague ?

– Pas du tout ! C'était la pure vérité ! affirma Molleterre en souriant. Cette vieille bête stupide est capable de faire des ravages, il faut le savoir. Mais toi, tu ne risques rien ! Rien de rien ! Parce que tu es en bois, tu comprends ?

Il passa son poing sur le bras de Till.

– N'empêche qu'il est méchant ! gémit Till, pris de panique. Elle a attaqué Pavé Lamalle.

Le patron ne voulait rien savoir. Il le mena jusqu'au service d'extraction de piquants sans prêter l'oreille à son plaidoyer. Ils se trouvèrent bientôt devant la cage du hérisson.

– Écoute, dit Molleterre. Il s'est calmé. Entre donc, je vais allumer la machine ; tu lui passeras cet aspirateur sur le dos. Compris ?

Il brandissait un long tuyau avec un embout en cuivre d'un côté, et un sac en cuir à l'autre extrémité. Till ne comprenait pas.

– Prêt ? Allez, zou !

Le patron poussa Till en avant, lui tendit l'embout de son étrange outil, puis se pencha pour appuyer sur un interrupteur et WOUF ! le sac se gonfla comme une cornemuse. Till passa ses doigts sur l'embout : il sentit une forte aspiration.

Quand il entendit l'appareil, le grand hérisson ouvrit un œil sombre et regarda autour de lui. Alors qu'il somnolait dans la pénombre, bercé par ses propres grognements, il comprenait qu'on venait le déranger.

Il examina l'intrus. Renifla l'air. Du bois ? Voilà qui était inhabituel. Il se leva lentement, lourdement. Ses piquants se hérissèrent pour former une haie noire tout le long de son dos. Il renifla encore et secoua sa lourde masse pointue avant de se stabiliser. Il attendit ensuite que la chose en bois bouge à son tour.

Till se déplaça très, très lentement. Il avança de quelques centimètres, sans lever les pieds. Il se contentait de glisser vers cette terrible bête qu'on appelait Cloque en espérant qu'elle ne le verrait pas. Sa main se mit à trembler. Il avait l'impression que le long tuyau lui échappait, prêt à tomber. Till le serra plus fort et tendit doucement le bras. Plus près, plus près... L'embout touchait presque l'animal. Encore un peu plus près... contact ! Le suceur s'était collé contre le flanc du hérisson. La force d'aspiration le maintenait en place. D'une seconde à l'autre, Cloque serait saisi de douleur. Et les hurlements commenceraient. Till ferma les yeux et se prépara à encaisser le choc.

Mais quelque chose d'inattendu arriva. Il y eut un petit rire. Un petit rire aigu, comme un gloussement de fillette. Un peu comme ceux de Candy. Elle n'était quand même pas venue pour voir ça !

Cette idée atroce força Till à rouvrir les yeux. Non, ce n'était pas Candy. C'était le hérisson. Ce monstre, terrifiant et féroce, gloussait comme un bébé. Ses piquants étaient arrachés à la racine – là où le suceur était passé, il ne restait qu'une ligne lisse et nue de peau mordorée – mais l'animal ne montrait nul signe de souffrance. On aurait plutôt dit que cela le chatouillait.

En quelques instants, son petit rire se transforma en un bourdonnement grave et rauque. Till se surprit à sourire. C'était plus fort que lui. Quand la bête se laissa tomber sur le flanc en battant des pattes, il éclata de rire, d'un rire franc et sonore, sans bien comprendre s'il était amusé ou soulagé.

– Il aime ça ! cria-t-il à Molleterre par-dessus son épaule. Il adore ça, même !

– Mais bien sûr ! répondit le patron par-dessus le bruit du moteur. Ils aiment tous ça !

Ce fut trop vite fini. On éteignit la machine. Till sortit de la cage et vit que le sac de cuir était rempli de piquants. Quant à Cloque, il était chauve. Son corps n'était plus qu'un immense dôme de peau nue qui brillait sous la lumière blafarde de l'étable, mais il se roulait par terre avec bonheur, se couvrant de poussière et de boue.

– Je n'en reviens pas ! C'était d'une facilité ! Je pensais qu'il allait souffrir ou qu'il m'attaquerait.

– Non ! Pas lui, non. Il est doux comme un agneau, la plupart du temps.

– Mais Pavé Lamalle…

– Pavé Lamalle est un gros balourd. Il a bon cœur et n'est pas bête, mais il est maladroit. Il est entré là-dedans comme une bombe, avec ses grosses bottes, sans regarder devant lui – et il lui a marché sur la patte. Pas étonnant que l'animal se soit retourné contre lui. Ça se comprend. À sa place, j'en aurais fait autant ; pas toi ?

Till s'appuya contre les barreaux et regarda l'imposant animal, qui tournoyait et ronronnait comme un nourrisson tout nu.

– Je pense bien, répondit-il en souriant. Je n'aurais pas aimé ça, moi non plus.

Chapitre 9

Till adorait son travail. Il aimait traverser la brume matinale pour aller à la ferme. Il aimait suivre les chemins où l'air était alourdi de pollen et bourdonnant d'abeilles pour rentrer chez lui. Il aimait les hérissons, et Molleterre tenait parole : jamais il ne chargeait Till de nettoyer les abris. La plupart du temps, il lui demandait d'extraire des piquants et de les trier. En effet, une fois arrachés, ils devaient être contrôlés, triés et bottelés ; grâce à ses doigts en bois, Till y passait dix fois moins de temps que les autres employés.

Dès qu'il avait une minute de temps libre, il allait regarder les bêtes qui avaient décroché un prix. La foire aux hérissons approchait, et tout le monde tenait à ce que Molleterre remporte la coupe une fois de plus. Cette année-là, le patron misait sur Picote, la hérissonne au regard triste. Elle était de la race des piquants-d'or sylvestres, espèce ancienne et rare venue des terres sauvages du Nord. Si la plupart de ses piquants étaient noirs, on en voyait quelques-uns, entre ses oreilles, qui étaient plus courts et dorés. Ils étaient splendides. Mais à quoi servaient-ils ? Till avait appris que chaque type de piquant permettait de fabriquer un objet bien précis, mais il ne se souvenait pas avoir vu quoi que ce soit de doré dans les vitrines d'exposition.

Quand le moment d'extraire les piquants de Picote arriva, elle se mit à ronronner comme un chat et pencha la tête pour que Till puisse atteindre la moindre petite pointe. Il alla vider le sac de l'extracteur sur la table de tri tandis qu'elle se roulait par terre avec joie. Till ouvrit le sachet mais n'y vit que des piquants noirs. Les piquants dorés avaient disparu.

Il était horrifié. Il s'agissait certainement des plus précieux piquants de tout l'élevage, et il les avait perdus ! Molleterre allait être furieux.

Il examina Picote dans sa cage. Elle était tondue, cela ne faisait pas de doute. Entre ses oreilles, sa peau était lisse. Les piquants se trouvaient forcément dans le sac. Et nulle part ailleurs.

Till revint à la table de tri et retourna le sac frénétiquement. Il ne contenait plus rien. Les piquants dorés avaient bel et bien disparu. Peut-être allait-on accuser Till de les avoir volés ? C'était là une idée trop terrible pour s'y attarder.

À cet instant, il sentit une main sur son épaule. Le patron ! Non. C'était Coquemar Guillaumin, le plus ancien employé de la fabrique. Il était plutôt bienveillant et donnait l'impression de passer son temps à fumer sa pipe en buvant du thé. Mais, Till le savait, ses collègues l'estimaient beaucoup. Il élevait des hérissons depuis soixante-dix ans. Comme le disait Prune, sa femme, il les avait « élevés, soignés et mariés ». Il savait tout ce qu'un homme pouvait savoir au sujet des hérissons.

– Je t'ai fait sursauter, mon petit ? demanda-t-il en riant. Tu n'as pas la conscience tranquille ?

– Oh, monsieur Guillaumin, c'est terrible, ce qui m'arrive ! J'ai égaré les piquants dorés de Picote ! Je les ai arrachés, j'en suis sûr. Mais ils ne sont pas dans le sac. Je les ai perdus !

La tête entre les mains, Till tremblait.

Coquemar lui répondit en souriant :

– On ne perd pas ce qu'on n'a jamais eu.

– Mais ils étaient là, je les avais ! Dans le sac !

– Non, ils n'y étaient pas, répéta le vieil homme d'un ton léger. Je vais te dire pourquoi : ils n'ont jamais quitté la tête de l'animal.

Till écarquilla les yeux et s'efforça de comprendre ce qu'on venait de lui dire.

– Ces fameux piquants sont toujours en place, reprit Coquemar. Dans la tête de Picote. Elle les a rétractés quand tu as commencé à arracher les autres. Rétractés, oui, comme font les escargots qui se cachent dans leur coquille. Si je le sais, c'est que je l'ai vue faire. Quand les autres piquants commenceront à repousser, eh bien, les piquants dorés remonteront en même temps.

Till était stupéfait. S'il n'avait pas constaté lui-même la disparition, il n'aurait pas cru un mot de cette explication.

– Personne n'a jamais pu arracher ces piquants dorés ?

– Chez nous, non, répondit Coquemar en bourrant sa pipe. Mais j'ai entendu parler d'un petit gars de Fouillebroc, il y a quelques années. Il paraît qu'il avait donné un somnifère à une piquant-d'or, et qu'il en avait arraché un avec une tenaille. Eh bien, la bête n'a pas dormi longtemps ! Elle s'est réveillée, furieuse, et lui a mordu la jambe jusqu'à l'os. Même que c'était une drôle de blessure. La jambe tout entière a noirci en quelques jours, et il a fallu amputer le malheureux.

– Et le piquant, il l'a eu ?

– Oui, mais…

Le vieil homme se tut pour soigner son effet.

– Pas plus d'une minute : il est tombé en poussière et s'est dispersé dans le vent.

– C'est vrai, cette histoire ?

– Mais oui, absolument ! Si tu vas à la foire, cette année, tu y verras sûrement ce jeune homme. Le père Lacorde. Évidemment, il n'est plus si jeune, mais il lui manque toujours une jambe. Tu n'auras qu'à lui parler, si tu ne me crois pas.

– Oh, ce n'est pas ce que je voulais dire ! précisa Till. Mais c'est si étrange. Ces piquants ne peuvent pas être arrachés, mais peut-être qu'ils tombent spontanément ?

– Je n'en ai jamais trouvé un seul, mais ça ne veut rien dire. Ils finissent peut-être en poussière aussi. Il y a autre chose de bien particulier à ce sujet. Loin d'ici, dans la forêt lointaine du nord, il y a des grottes. Elles ont été découvertes par des explorateurs il y a des années. D'après eux, un peuple y a vécu jadis, mais on ne sait pas vraiment lequel. En tout cas, les murs des cavernes sont couverts de peintures, et j'ai entendu dire que sur l'un d'eux, on voit un hérisson exactement comme notre Picote. Il tient un piquant doré dans sa gueule, comme s'il s'apprêtait à faire je ne sais quoi avec. Bizarre, hein ? Cela signifie peut-être qu'ils sont amovibles. En plus de les rétracter, le hérisson sait les enlever. Sans qu'ils tombent en poussière dans la minute.

Le vieil homme fit craquer ses articulations.

– Allons, ne t'inquiète pas ! Tu n'as rien fait de mal ! Je vais te dire : à nous deux, on va trier tous ces piquants. Ensuite, on emmènera Picote brouter dans les taillis. Et on prendra notre temps pour rentrer.

Till prépara le premier ballot tandis que Coquemar allait chercher la ficelle. Ces piquants-là n'étaient vraiment pas comme les autres ! Noirs et brillants sur toute la longueur, ambrés au bout, ils faisaient penser à une baguette magique. Mais les pouvoirs d'une sorcière n'étaient rien comparés à cette force pure et primitive. Alors que Picote était encore jeune, ses piquants, eux, recelaient un savoir ancestral. Ainsi, les secrets des hérissons se transmettaient de génération en génération. Rien qu'en les touchant, Till en percevait la puissance.

– Coquemar, que fabrique-t-on avec ces piquants noirs ?

– Des meubles, principalement. Des articles de tout premier choix. Pour les gens riches. Des dessus de chaises, en général.

Till s'étrangla. Ces objets si beaux, chargés de magie, étaient destinés à finir aplatis sous le postérieur de propriétaires de luxueuses villas... Décidément, le monde était bien ignorant.

Chapitre 10

L'été touchait à sa fin. Till eut du mal à l'admettre mais, quand il observait Picote, il n'y avait aucun doute possible : ses piquants avaient repoussé, aussi longs et brillants qu'avant. La foire aux hérissons devait avoir lieu une semaine plus tard et Molleterre avait chargé Till de préparer sa favorite pour le concours. Chaque jour, il fallait s'assurer qu'elle n'avait ni puces ni tiques. Picote aimait bien que Till s'occupe d'elle. Elle se blottissait contre lui et flairait ses poches pour y dénicher les champignons qu'il avait cueillis pour elle. Mais, même si elle était gentille et contente de le voir, elle gardait toujours le même regard triste. Till ne pouvait s'empêcher de penser que la place de cette bête était la forêt et non l'enclos d'un élevage, même si elle y était bichonnée.

Un matin, alors qu'il traversait le bois pour se rendre au travail, Till entendit un bruit sourd : quelque chose se déplaçait dans les broussailles. Les buissons tremblaient, frôlés par cette créature qui reniflait et respirait bruyamment. Soudain, derrière un massif d'églantiers enchevêtrés, le mouvement cessa.

Till s'accroupit et s'approcha pour regarder à travers la verdure. C'était Picote ! Elle s'était échappée ! Mais comment ? La veille au soir, il l'avait enfermée dans sa cage. Il se voyait encore en train de vérifier que le verrou était mis. Comment donc... Toutefois, en l'observant de plus près, il vit que ce hérisson-là était plus grand et que ses piquants étaient d'un gris foncé et non d'un noir de suie. Quand l'animal se tourna pour lui lancer un regard hostile, il comprit que c'était un autre animal, nettement plus sauvage. Une créature des bois et des forêts, des montagnes et des ruisseaux.

Till se figea sur place, sans oser tourner le dos à cette énorme bête qui pourrait décider de passer à l'attaque. Il ne craignait pas d'être blessé – il était indestructible ! – mais il connaissait sa force. Si l'instinct prenait le dessus, alors... Il ne voulait pas blesser le hérisson. Il préféra s'éloigner à reculons, les yeux baissés, pour retourner sur le sentier. Il reprit son chemin tout en se demandant s'il devait parler de cette rencontre à Molleterre. Cela l'intéresserait sûrement, car après tout, les piquants-d'or sylvestres étaient rares, mais, à coup sûr, il déciderait d'aller le capturer. Till ne supportait pas cette idée. Mieux valait garder le secret.

Cet après-midi-là, il fut chargé d'astiquer les médailles, coupes et autres trophées remportés par l'éleveur à la foire aux hérissons, au fil des ans. Molleterre avait l'intention de les exposer sur son stand et il voulait que ça brille. Till fut ravi de voir arriver Coquemar, qui travailla à ses côtés. Pendant près d'une heure, le vieil homme lui parla des gagnants et des perdants des précédents concours. Il en vint à mentionner Picote et à évoquer ses chances de victoire.

Till sauta sur l'occasion et demanda :

– D'où vient-elle ? A-t-elle été capturée au bois de Fougeray ?

– Non, mon garçon ! répondit Coquemar en riant. Ces bêtes-là ne vivent pas par ici ! Tous les gros hérissons, que ce soit les piquants-d'or sylvestres, les dos-noirs des cimes, les rayures-d'argent, les poils-durs des montagnes, les longs-nez du littoral ou je ne sais quoi encore, viennent des terres sauvages du Nord. C'est une région rude et impénétrable. Là-bas, les forêts abritent plus d'une bête étrange. Il y a les grands lapins sauteurs, avec des pattes aussi hautes que des poteaux de clôture. Les féroces écureuils géants, qui peuvent t'arracher la main d'un coup de dents ! Tu as déjà vu des rats de trait ? Eh bien, ils viennent de là-bas, à l'origine. On ne sait pas très bien pourquoi, mais les bêtes qui y vivent sont gigantesques. Pas toutes, attention. Je crois que les insectes sont normaux, eux. Les grands, ce sont surtout les bêtes à poil. Au fait, de quoi je parlais ? Comment en suis-je arrivé là ?

– Je vous ai demandé d'où venait Picote.

– Ah oui ! Tu voulais savoir si on l'avait attrapée au bois de Fougeray. Donc, c'est non. Elle est née ici, à la ferme.

Coquemar cracha sur une médaille avant de la frotter vigoureusement.

– Si je comprends bien, M. Molleterre avait d'autres piquants-d'or avant ? demanda Till.

– Oh, que oui ! Et c'étaient tous des champions.

Il tira quelque chose du tas d'objets à astiquer.

– Cette médaille a été remportée par Épine Noire, la mère de Picote. Et celle-ci… par son père, Stylet.

– Où sont-ils, désormais ?

Le regard de Coquemar s'assombrit. Il posa les trophées et fouilla dans sa poche pour en tirer sa pipe. Il la bourra, l'alluma et fuma un moment sans rien dire.

– Ils ne sont plus parmi nous, reprit-il enfin. Il y a eu une épidémie dans la région. Personne ne sait ce que c'était ni d'où cela venait. Ça nous est tombé dessus comme ça. Les hérissons n'ont pas tous été atteints, attention : seulement certaines races. Les piquants-d'or étaient particulièrement vulnérables et, à l'époque, M. Molleterre en avait au moins trente : un couple d'adultes, une douzaine de mères allaitantes, et tout plein de nouveau-nés. Ils sont morts les uns après les autres, à l'exception de Picote et d'Aiguillon.

Après un gros soupir, le vieil homme se remit à sucer sa pipe.

– Je ne sais pas comment ils ont fait, mais ils ont survécu. De vrais guerriers !

– Aiguillon, c'était le frère de Picote ?

– Non. Il provenait d'une autre portée. C'était son compagnon. Ils étaient inséparables. Je n'ai jamais vu si bel hérisson de ma vie, je dois le dire. Il était exceptionnel. Et quel champion ! Imbattable. Il a remporté cinq fois de suite le grand prix de la foire. L'an dernier aussi. Il le décrocherait cette année encore, s'il était là.

– Il est donc mort ? demanda Till, le souffle court, impatient d'entendre la réponse.

– Mort ? Non, mon petit ! Il s'est échappé !

Chapitre 11

La journée commençait mal. Alors qu'on avait annoncé du soleil, le ciel était chargé de pluie. Till s'engagea à grands pas dans la forêt humide, les épaules rentrées, la tête baissée et les mains dans les poches. Il marchait si vite qu'il ne vit pas le hérisson et le percuta. Il recula en titubant. Aiguillon hérissa ses redoutables piquants comme si c'étaient des lances. Ses yeux porcins scintillaient.

Till s'immobilisa. Coquemar avait dit vrai. C'était un hérisson éblouissant, le plus beau que Till ait jamais vu. Il était plus fin que Picote, un peu plus clair aussi, mais sinon, on aurait dit qu'ils étaient jumeaux.

Avec un grognement, Aiguillon s'approcha d'un pas tranquille. Il fit alors quelque chose de curieux : il gratta son museau sur la paume de Till. Tout en bavant, il frottait, frottait si bien qu'il lui couvrit les doigts d'une épaisse couche de salive. Il finit par éternuer, puis regarda Till droit dans les yeux et s'enfonça lentement dans les sous-bois.

Till reprit son chemin. Les questions se bousculaient dans sa tête de bois. Quel dilemme ! Il mourait d'envie de demander quelques explications à Coquemar, pour mieux comprendre cet étrange comportement. Mais cela reviendrait à trahir Aiguillon, qui serait à coup sûr capturé avant la fin de la journée.

Il arriva à l'élevage, toujours perdu dans ses pensées. Sa journée commençait par la chasse aux puces. Sans trop savoir ce qu'il faisait, il entra directement dans la cage de Picote, tendit le bras pour caresser son museau velouteux, et BOUM ! la hérissonne le fit tomber et lui sauta dessus. Elle se lamentait et pleurnichait, tout en le pétrissant sous ses pattes et en léchant sa main ardemment, ravie par le délicieux parfum que son Aiguillon bien-aimé y avait laissé.

Till se mit à rire. Tout autre que lui aurait péri écrasé sous le poids de cette bête, mais pour lui, ce n'était que des chatouilles. Picote ronronnait et bourdonnait. Soudain, Till cria :

– Assez ! Ça suffit !

Elle cessa, et il vit qu'elle n'avait plus son éternel regard triste. Ses yeux brillaient comme le soleil à travers les nuages par un jour grisâtre. Elle avait retrouvé ce qui lui manquait tant.

À cet instant, Till vit qu'elle était belle et sauvage ; désespérée d'être enfermée. Il sentit son cœur battre contre sa poitrine de bois, comme un ours enfermé dans un tonneau.

Il savait ce qu'il devait faire.

Chapitre 12

Toute la journée, les nuages ne firent que s'épaissir et, à la tombée de la nuit, la température avait baissé. La nature semblait elle aussi comploter quelque chose et faisait en sorte que les gens se tiennent à l'abri, loin des cages.

Till sortit par la fenêtre de sa chambre tandis que ses parents étaient blottis au coin du feu, au rez-de-chaussée. Il traversa le bois de Fougeray, guettant le moindre son qui se serait élevé dans le sous-bois, mais tout était comme d'habitude. Les feuilles tombaient et les corbeaux croassaient. Mais il savait bien qu'Aiguillon épiait le moindre de ses gestes. Le hérisson était quelque part, à l'observer et à l'attendre.

La ferme de Molleterre était assoupie. Le fermier, sa famille, les ouvriers – tout le monde dormait. Seuls les chiens bougèrent quand Till approcha mais, quand ils l'eurent reconnu, ils remuèrent la queue et laissèrent leur tête retomber doucement sur leurs pattes.

Till fila vers l'étable des hérissons. Sur chaque cage, un petit panneau indiquait le nom de l'occupant : Chardon… Ardillon… Épingle… Cloque… Châtaigne…

Cardère… Picote. Till fit coulisser le loquet de cette dernière porte, l'ouvrit doucement et vit la hérissonne qui humait l'air avec anxiété. Elle finit par identifier un parfum – celui qu'elle n'avait pas oublié et qu'elle aimait tant – et partit en courant, traversa la cour et disparut dans le bois.

Till referma la porte et remit le loquet en place, avant de se fondre lui aussi dans l'obscurité.

Alors qu'il était à mi-chemin pour rentrer chez lui, les nuages s'écartèrent et révélèrent une lune argentée, aussi pâle qu'une pièce de monnaie. Le bois fut soudain inondé de lumière. Un ruban ombragé se déroula derrière chaque arbre. Et, droit devant, sur le sentier, les hérissons attendaient. Leurs yeux brillaient, et ceux de Picote exprimaient désormais une méfiance de bête sauvage, tout comme ceux d'Aiguillon. Toutefois, le regard de la hérissonne s'adoucit un instant et Till crut la voir faire un petit signe de tête. Les deux animaux disparurent ensuite dans l'obscurité.

*

Quand Till arriva au travail le lendemain, c'était la grande pagaille. Pavé, Mocassin et Licou avaient été chargés d'explorer les bois. Pouce examinait la boue du chemin dans l'espoir d'y relever des traces de pas. Mme Molleterre avait déposé dans la cage de Picote le plat préféré de la hérissonne, dans l'espoir de l'inciter à revenir. Quant à M. Molleterre, il allait et venait, battait des pieds et soulevait des tornades de poussière. Coquemar préparait des litres et des litres de thé. Till fut chargé d'aller nourrir les petits, mais il fallait qu'il se trouve dans la grange à dix heures sonnantes, pour une réunion du personnel.

Le moment venu, le fermier Molleterre lança le débat en exposant son hypothèse :

– Je pense que Picote a été volée, dit-il tristement. C'est difficile à croire, je sais, mais je ne vois pas d'autre explication. J'ai inspecté les cages hier soir, avant d'aller me coucher. Il devait être à peu près onze heures. Elles étaient toutes fermées, les portes étaient verrouillées. Donc, Till…

Il tendit le doigt vers le jeune garçon, qui se sentit pris au piège comme un papillon sur une goutte de miel.

– … tu n'as rien à te reprocher. Je dis ça parce que c'est toi qui lui as rendu visite le dernier, mais tu as refermé sa cage correctement. J'ai vérifié. Non, mes enfants, Picote n'a pas pu se sauver. Quelqu'un lui a forcément ouvert la porte. Vous le savez, c'est sur elle que je mise pour décrocher le grand prix de la foire aux hérissons, et certains en ont peut-être assez de me voir gagner chaque année. Ceux-là sont capables de commettre des actes inqualifiables pour changer le cours des choses. C'est tout ce que j'ai à dire.

– Qu'est-ce que vous allez faire si elle ne revient pas ? demanda Pouce Adams.

– Nous irons quand même à la foire, sachez-le ! Pas le moindre doute là-dessus ! Nous avons encore Chardon et Ardillon. Ils peuvent eux aussi décrocher une récompense. Pas le grand prix, non – pour ça, il faut une bête exceptionnelle – mais enfin, ils sont honorables. J'ai aussi bon espoir que notre jeune Épinoche remporte le prix junior. Donc, même sans Picote, nous serons primés.

Il avait vu juste. Chardon reçut le prix du plus bel hérisson de race. Épinoche fut couronnée hérisson junior de l'année. Après avoir avalé quelques pintes de bière d'ortie, Molleterre parvint à oublier un moment la disparition de Picote. Till, lui, rencontra le père Lacorde, l'unijambiste.

L'attribution du grand prix arriva enfin. Il fut décerné à Rapière, magnifique hérissonne de la race des piquants-noirs sylvestres, présentée par la ferme du Marais-d'Or. Till se tenait près de Molleterre quand la coupe fut remise.

– C'est un spécimen de première classe, cette Rapière, dit le fermier. Je ne peux pas dire le contraire. Mais Picote était encore plus belle. Où qu'elle soit, je n'arrive pas à concevoir qu'elle puisse être mieux que sur ce piédestal, décorée d'une cocarde de championne. Tu ne crois pas ?

Till ferma les yeux. Il l'imaginait, dans les bois, accompagnée d'Aiguillon. Le soleil l'illuminait tandis qu'elle mastiquait une bouchée de glands.

– Oh non, dit-il avec un sourire. Moi non plus.

Chapitre 13

L'automne arriva. La longue descente dorée vers l'hiver s'amorçait. Ce jour-là, un vent entêtant balayait la cour de l'école et faisait rouler les feuilles mortes sur l'allée. La cloche sonna le début de la récréation et les élèves déboulèrent soudain.

Dans un coin de la cour, les petits entonnèrent leurs comptines en faisant joyeusement la ronde. Derrière le tas de bois, les grandes filles glapissaient comme des lutins. Gabardine avait chipé le journal intime de sa sœur, dont elle dévoilait tous les secrets. Mme Dormoy était chargée de surveiller la récréation, mais elle était fidèle à sa réputation, qui lui avait valu son surnom. Les yeux fermés, adossée au mur, elle soupirait. Buvait du thé. Elle ne prêtait nulle attention aux petits qui venaient tirer sur sa jupe. Rien ne pouvait déranger Mme Je-dors-moi quand elle fermait ses écoutilles.

Les garçons jouaient à la course au taureau ; ils en étaient déjà au troisième tour. Gardon avait fait le taureau la première fois, avant Maillet. C'était maintenant le tour de Lacet mais, quand il avança, Till annonça qu'il voulait prendre sa place.

– C'est à moi de jouer, protesta Lacet. Tu n'as qu'à attendre ton tour.

C'était un garçon robuste, aux cheveux ébouriffés, vêtu d'un manteau fermé par une ficelle.

– Tu dis ça pour me faire marcher, grogna Till. Ce n'est jamais mon tour. C'est toujours toi qui passes avant. Ensuite, c'est le tour de Papillon, de Jambon, de Rondin, et même de Biberon. Et moi, je ne joue jamais.

– Arrête, Till, dit Gardon dans l'espoir de le calmer. Tu sais bien pourquoi. Ce ne serait pas juste. Les autres n'auraient pas une chance de gagner. Surtout eux.

Il désignait les petits : Trèfle et Biberon.

– Mais ce n'est pas juste pour moi non plus, se plaignit Till. Je suis plus fort que la plupart d'entre vous, je sais, mais...

– Pour te faire tomber, il faudrait qu'on s'y mette tous à la fois ! coupa Lacet, impatient que le jeu commence.

– Mais je pourrais me laisser faire un petit peu. Me retenir. Qu'est-ce que vous en pensez ?

Tous les regards étaient concentrés sur lui. Il était si plein d'espoir, il avait l'air si innocent que personne n'eut le cœur d'exprimer son opinion.

– Qu'est-ce que tu en dis, Gardon ? demanda Biberon Martin.

– Je n'entre pas dans le débat ! Je resterai muet comme une carpe. Je ne suis pas neutre, puisque c'est mon meilleur copain.

– Ah bon ? dit Till. Eh bien... Merci, Gardon.

– Donc, il a le droit de jouer ? insista Lacet.

– Je n'ai jamais dit ça ! protesta Gardon.

– Oh, tu n'as pas besoin de le dire tout fort, dit Jambon. On t'entend penser.

– Si c'est ça, pourquoi vous me posez la question ? Franchement !

Gardon secoua la tête et s'éloigna de quelques pas, mais il revint aussitôt.

– Si on ne décide rien, on n'aura pas le temps de refaire une partie.

Là, il voyait juste.

– Bon… commença Papillon. Il pourrait essayer juste une fois…

– Ouiii ! cria Till, triomphant.

– Oh non ! pleurnicha Lacet. C'est pas juste. C'était mon tour.

Il fit volte-face et alla donner des coups de pied au banc en ronchonnant.

Sans lui prêter plus d'attention, les garçons s'alignèrent : Papillon, Trèfle, Gardon, Gobelet, Javelot, Jambon, Rondin, Maillet et Biberon.

Till, face à eux, leur barrait le passage. Il s'accroupit comme un lutteur et tendit les bras, prêt à saisir les fuyards. Les garçons le regardaient d'un air inquiet. Till prenait les choses au sérieux. Il n'avait pas l'air de se retenir. On aurait dit un énorme crabe, avec des pinces acérées et des yeux luisants. Ses adversaires n'étaient que du menu fretin, sur le point de se jeter entre les dents de la mort. Ils se préparèrent. Till cria :

– Le taureau à l'assaut !

Ils se mirent à courir dans tous les sens, traversèrent la cour pour se réfugier au pied du mur et firent tout ce qu'ils pouvaient pour éviter les terribles poings en bois de Till ou sauter par-dessus ses jambes.

Papillon fut saisi. Il se débattit. Il lutta. Il frappa Till en pleine poitrine, lui donna des coups de pied dans les tibias, mais c'était sans espoir. Il dut capituler.

L'équipe des attaquants comptait désormais deux membres. Les rescapés s'alignèrent face à eux. Till et Papillon, en tête à tête, montèrent un plan en chuchotant. Ils s'accroupirent enfin et annoncèrent :

– Les taureaux à l'assaut !

Ils filèrent droit vers Maillet. Il n'avait pas la moindre chance de s'en tirer. Papillon fonça sur lui la tête en avant, comme un bélier en colère. Maillet, encerclé, suffoquait sur place quand Till le saisit par les bras. Le malheureux se rendit à son tour.

Nouveaux murmures, nouveau complot. Les chasseurs choisirent la prochaine victime. Till s'accroupit, entouré désormais de Maillet et de Papillon. Ils crièrent à l'unisson :

– Les taureaux à l'assaut !

Il apparut rapidement que leur proie était Rondin. Ils lui tombèrent dessus de tous les côtés : six bras, six jambes, trois corps et autant de cerveaux en commun. Leurs yeux flamboyaient. Leurs bras battaient vigoureusement. Leurs pieds claquaient au sol. Till menait la meute, ivre d'excitation, piétinant à l'aveuglette – sans voir Biberon, qui courait se mettre à l'abri contre le mur. La tête baissée, sans regarder devant lui, le petit filait avec détermination.

Till le heurta aussi violemment qu'un marteau.

Biberon fut projeté dans les airs et retomba comme un sac de pommes de terre. Ses amis entendirent le craquement atroce de son crâne contre le sol ; sa tête avait heurté la terre avec un abominable bruit sourd. Et puis plus rien.

Le jeu s'arrêta. Les enfants se rassemblèrent. Biberon Martin était étendu sur le ventre, parfaitement immobile. Personne ne parlait. Maillet s'accroupit et retourna le corps. Il y avait du sang. Du sang à profusion. Quelqu'un poussa un cri.

– Il est mort, dit Maillet. Il est mort. Tu l'as tué.

Till était horrifié. Il ne pouvait plus parler. Ni bouger. Biberon était mort.

Soudain, ce fut le chaos dans la cour de récréation. Ce n'était plus que cris et hurlements. Tout le monde tendait le doigt en braillant. Mme Dormoy s'approcha.

– Tu l'as tué, répéta Maillet.

Il se leva. Il y avait du sang sur ses mains et son manteau. Ses traits étaient tordus par la fureur.

– Il est mort ! hurla-t-il en repoussant Till. Il est mort, espèce de taré d'assassin !

Till restait muet. Les visages se détournaient du corps pour le regarder, lui. Il vit des yeux voilés. Chargés de larmes et de terreur. De peur et de méfiance. Une voix souffla derrière lui :

– Fuis !

C'était Gardon.

Till ne bougeait pas. Il en était incapable.

– Sauve-toi ! Fuis !

Gardon le saisit par le bras et le secoua violemment.

– File ! l'implora-t-il sur un ton de désespoir. Va-t'en ! N'attends pas qu'ils arrivent !

Till se retourna pour consulter ses amis du regard. La panique et l'effroi étaient partout.

– Mais pour aller où ? demanda-t-il bêtement.

– Je n'en sais rien ! Sauve-toi, c'est tout ! Pars ! Tout de suite ! Je t'en supplie !

Tout en regardant Gardon, Till sentit une douleur atroce lui perforer la poitrine. Son cœur se brisait.

– Je ne veux pas m'en aller.

– Il le faut. Ils ne comprendront pas. Ils te traiteront de meurtrier. Maillet l'a déjà fait, lui qui se disait ton ami il n'y a pas si longtemps. Je t'en supplie, Till, sauve-toi. Pour me faire plaisir. S'il te plaît.

Alors Till se retourna et partit en courant.

Deuxième partie

Chapitre 14

Till courut tout l'après-midi. Il traversa les bois et les champs, sauta au-dessus des ruisseaux et des clôtures. Sans s'arrêter. S'il avait fait halte, il aurait réfléchi, et il tenait par-dessus tout à ne pas réfléchir.

À la tombée de la nuit, il se trouvait dans une région où les terres étaient riches. Au cœur des prés parsemés de vaches, devant lui, il y avait une ferme entourée de toutes sortes de dépendances. En restant prudent, il y trouverait de quoi manger. Les chiens de garde ne l'inquiétaient pas. Le vent pouvait le caresser, il n'émettait aucune odeur humaine.

Quand il fit bien noir, Till s'approcha d'un bâtiment à petits pas. Sans un bruit, il ouvrit une porte en bois et se faufila à l'intérieur. C'était une étable aux murs carrelés de blanc, dont le sol avait été balayé avec soin. Une table en marbre, garnie de pots de beurre et de fromages, longeait le mur opposé. Il souleva l'épais couvercle en bois d'un seau argenté et y trouva du lait couronné d'une couche de crème blonde.

Il se mit à boire. C'était bon. Il sentit ses jambes épuisées reprendre des forces. Mais il ne put s'empêcher de penser à sa maison. À sa mère, qui chantonnait en trayant la vache familiale. À son père, qui buvait directement le lait dans le seau, et dont la moustache ruisselait ensuite de gouttes blanches. Soudain, seul dans le noir, Till regretta de ne pas pouvoir pleurer. Il aurait voulu que des larmes coulent le long de ses joues. Elles auraient pu tomber dans le lait et lui donner un goût salé... Au moins, elles auraient balayé sa douleur d'être devenu un meurtrier : perdu, seul et loin de chez lui.

Mais tout le monde a besoin de dormir, même les assassins. De dormir et de manger ! Till était affamé. Après avoir pris deux fromages ronds, il alla se mettre à l'abri dans la salle de traite, juste à côté. Il s'y assoupit enfin, roulé en boule sur un tas de foin.

Au lever du jour, il fut réveillé par le bruit des volets qui s'ouvraient. Quand les vaches, scintillantes de rosée, s'approchèrent d'un pas lourd, il sortit par une petite porte et disparut dans la brume du matin.

*

Cela dura sept jours et sept nuits. Parfois, Till se demandait s'il tournait en rond, comme un rat dans une cage. Des fermes, des routes, des granges... tout se ressemblait tant. Il était épuisé, mais aussi terrifié à l'idée de rentrer au village sans s'en rendre compte. Il n'arrivait pas à dormir. Il était assailli par des cauchemars où Biberon gisait dans une mare de sang. Même quand il courait, il n'y échappait pas : courir lui rappelait l'école, le jeu des taureaux et... Biberon Martin. Pauvre Biberon, il était si content d'être admis dans la cour des grands ! Gardon lui disait toujours : « Tu es trop petit pour jouer avec nous. On risque de te faire du mal. » Mais il ne l'écoutait pas. Et désormais, il était mort.

Le huitième jour, Till décida qu'il n'irait pas plus loin. Il avait encore des forces, mais plus de volonté. Après avoir passé la nuit à sursauter, il s'était réveillé la tête pleine de questions. Où allait-il ainsi ? Pouvait-il faire halte ? Était-il assez loin ?

Il n'en savait rien, mais ce matin-là, assis sous les premiers rayons du soleil, il écouta son cœur. Et son cœur lui disait oui. Oui, tu es assez loin. Tu es fatigué. Tu peux t'arrêter. Tu ne peux pas passer ta vie à fuir.

Il se leva et s'étira. Il était à mi-hauteur d'une colline. Mieux vaut monter que descendre.

Il commença l'ascension. La butte était plus raide qu'il n'y paraissait et, quand il atteignit le sommet, à bout de souffle, il ronchonnait. Mais le panorama dissipa sa mauvaise humeur. Il avait devant lui une immense vallée entourée de montagnes. Au fond, une rivière scintillait comme un collier de perles. Mais ce qui attira son regard plus que tout, ce fut la ville-champignon. Une masse grise d'usines et de maisons nées de l'espoir et de l'ambition. Striée de rues. Hérissée de cheminées. Un épais nuage de fumée planait au-dessus de l'agglomération, tel un fantôme exterminateur.

Till avait entendu parler de ce site. Aux dires de certains, il existait une ville où les gens vivaient dans des conditions sordides tout en travaillant comme des rats. Tous les habitants de Pompedouve en avaient eu écho. Mais ce n'était guère qu'une légende. Personne ne croyait vraiment qu'une telle ville pût exister.

Toutefois, elle existait bel et bien. Till l'avait sous les yeux.

Elle s'appelait Bourg-Dezinc.

Chapitre 15

Bourg-Dezinc était un entrelacs de maisons et d'usines. Les tours striaient le ciel. La fumée voletait au-dessus des cheminées en spirale. L'eau grasse ruisselait dans les caniveaux. Les chiens et les enfants faisaient les poubelles côte à côte. Les gens étaient pâles. Ils avaient les yeux humides. Toussaient et éternuaient violemment. Mais ils survivraient, Till le comprit tout de suite. Ils étaient bien décidés à s'enrichir. Il vit des maçons qui jouaient de la scie et du marteau. Des files d'ouvriers d'usines arpentaient les rues, comme un troupeau de moutons que l'on mène au marché. Dans les rues, on vendait des saucisses, des pains au fromage, des gâteaux à la crème – tout ce dont peut rêver un enfant affamé. L'air était chargé de mots et de parfums prometteurs. Il y avait tant de monde ! C'était idéal. Il pourrait se fondre dans la foule sans être repéré.

Mais comment allait-il gagner sa vie ? Qu'il soit en bois ne changeait rien à l'affaire, il fallait qu'il mange, et donc qu'il ait de l'argent. Il voulait aussi trouver un toit. Il n'allait pas dormir dans la rue, comme un chien. Il devait chercher du travail.

Il n'eut pas besoin de chercher longtemps. Bourg-Dezinc était en plein développement. Les usines et ateliers, et donc les postes à pourvoir, abondaient. Cet après-midi-là, il passa devant un beau portail doré couronné d'un panneau en arc de cercle :

DEZINC & FILS
CONFITURIERS

Un carton écrit à la main était fixé au portail :

On embauche
S'adresser au gardien

La loge du gardien était un petit carré de brique rouge percé d'une fenêtre crasseuse. Till y jeta un œil et vit un vieil homme dont le visage n'était qu'un éventail de rides. Tout en lisant le journal, il se curait l'oreille du bout du doigt.

Till frappa au carreau. Le gardien posa son journal, fit coulisser un panneau et regarda à travers ses épaisses lunettes.

– Qu'est-ce que c'est ? siffla-t-il.

– J'ai vu l'annonce, je viens demander du travail.

– Évidemment, ça se voit tout de suite, dit le gardien en grimaçant. Quand un petit bon à rien de vagabond dans ton genre vadrouille dans une ville crasseuse, sans rien dans la poche ni dans l'estomac, c'est qu'il cherche quelque chose. N'importe quoi, une solution, un rayon de soleil qui saura percer le nuage de la détresse et du découragement, lui assurer un refuge dans ce monde de péché et de douleur et lui apporter l'espoir, un soupçon d'espoir, l'espoir de voir paraître enfin un avenir meilleur pour ceux qui travaillent dur, dans une ville où l'on est capable d'offrir leur chance à tous ceux qui savent lire un panneau et osent frapper pour demander au gardien s'il y a un poste à pourvoir.

Là-dessus, il referma la fenêtre et reprit son exemplaire du *Quotidien de la Vérité*.

Till était médusé. Il regarda alentour pour voir s'il y avait une autre porte à laquelle il aurait dû frapper, mais non. Il cogna à la fenêtre une nouvelle fois.

– Qu'est-ce que c'est ? répéta le gardien en rouvrant le panneau.

– Je vous le répète, j'ai vu que l'on demandait du personnel et je voudrais travailler.

– Alors il va falloir passer un entretien. Certains candidats sont embauchés, oui, mais il ne faut pas croire que ça se fait sans entretien préalable. Un entretien – je sais que tu vas me poser la question, tous les garçons de ton genre me la posent quand ils débarquent de leur campagne profonde où l'on ne s'embarrasse pas de ce genre de formalités – un entretien, donc, est une rencontre. Ni plus ni moins. Une rencontre – plutôt cérémonieuse, sache-le – au cours de laquelle M. Dezinc fils te posera des questions. Et, pour répondre à ta prochaine interrogation, M. Dezinc fils est, comme son nom l'indique, le fils de M. Tromblon Dezinc, fondateur et propriétaire de la magnifique usine devant laquelle tu te trouves, et qui t'éblouit par sa taille tandis que son immensité t'écrase. Sache que, devant cette usine, tu n'es rien. Rien qu'un étranger, un passant, un observateur, un chien errant qui vient implorer pitié et remerciera quiconque lui jettera la moindre miette balayée sur une table… En revanche, une fois dans cette usine, quand tu auras passé cette porte dorée, tu pourrais devenir quelqu'un. Tu serais un travailleur. Tu pourrais être payé, te nourrir, te loger. Tu serais en compagnie de tes collègues, et fier de te dire que chacun des pots de confiture de la marque Dezinc t'appartient un petit peu. Sans toi, cette confiture n'aurait pu être produite. Tu deviendrais un rouage du cycle de production. Il y aurait de quoi être fier, n'est-ce pas ?

– Ça oui, alors, bafouilla Till, pris de court par une telle conférence.

– Alors libre à toi. De te porter candidat, je veux dire. Attends ici.

Il rabattit le carreau et sortit par la porte de derrière en agitant un énorme trousseau de clefs. Il s'approcha du portail doré d'un pas traînant, s'immobilisa, brandit les clefs à hauteur de ses lunettes et, en clignant fort des yeux, en choisit une. Il la glissa dans la serrure, la fit tourner jusqu'à ce qu'un cliquetis se fasse entendre, et les portes s'ouvrirent sans bruit devant Till, qui put alors entrer.

À la suite du portier, il louvoya dans des couloirs et des passages voûtés, gravit des escaliers et descendit dans des sous-sols, traversa des cours pavées et fit des virages, jusqu'à ce qu'ils atteignent enfin une salle cloisonnée de verre. Là, le portier fit halte pour frapper à la porte. Till lut le panneau bien astiqué qui y était fixé :

TECK DEZINC
DIRECTEUR

La porte s'ouvrit sur un jeune homme de grande taille, au visage parsemé de taches de rousseur et à la chevelure rousse. Il balaya sa frange d'un revers de main et dit en souriant :

– Ah, Cabot. Je suis à vous tout de suite. Asseyez-vous, ajouta-t-il en désignant un banc en bois dans le couloir.

Ils s'assirent et Till regarda à travers le mur de verre. Le jeune homme parlait avec quelqu'un qui était installé sur un grand fauteuil et dont, de toute évidence, il appréciait la compagnie. Il riait, se taisait pour écouter, puis riait de nouveau. Soudain, cette personne se leva et se retourna – et Till eut le souffle coupé. La beauté de cette jeune femme vêtue d'une robe jaune illuminait la pièce. Till devina immédiatement que c'était la sœur du jeune homme. Ses cheveux roux, noués avec des rubans jaunes, étaient tout aussi frisés, et son visage en forme de cœur était couvert des mêmes taches de rousseur.

– Qui est-ce ? demanda-t-il tout bas.

– Mlle Mousseline Dezinc, dit le portier. La très chère fille de M. Dezinc senior, et donc la sœur de M. Dezinc junior.

– Elle travaille à l'usine ?

– Bien sûr. Enfin, pas exactement comme toi ou moi, il faut bien le dire : elle n'est pas employée, mais patronne, c'est tout différent. Mais elle travaille ici et assume certaines responsabilités : elle gère l'approvisionnement. C'est elle qui veille à ce qu'il y ait assez de fruits et de sucre pour préparer les confitures, selon la saison et le programme de production.

– Elle est très belle.

– Oui, admit le portier.

Et, curieusement, il n'ajouta rien.

La porte du bureau se rouvrit sur une petite chienne qui sortit en courant. Elle jappait, dansait et tournait en rond, dressée sur ses pattes arrière ; de toute évidence, elle était ravie d'être sortie de la salle.

– Chut ! ordonna une voix suave.

Mlle Mousseline s'immobilisa sur le pas de la porte pour demander à son frère :

– Donc tu ne seras pas en retard, c'est promis ? Tu sais que Papa a horreur d'attendre… surtout le jour de son anniversaire !

Elle rit doucement et tendit le doigt vers sa chienne bondissante pour lui demander une nouvelle fois de se calmer.

– Chut ! J'arrive !

Elle posa un baiser sur la joue de son frère et s'en alla.

Till la regarda partir. Elle filait dans le couloir, la chienne sur les talons, si dorée et légère qu'on aurait dit un jour de printemps au beau milieu de l'hiver.

– Alors Cabot, dit Dezinc junior. Un nouvel employé ?

– Absolument, monsieur, répondit le portier en hochant la tête et en faisant une petite révérence. Une nouvelle âme en perdition, sans avenir et sans espoir, sans…

– Parfait ! Venez donc, jeune homme, nous allons voir de quoi vous êtes capable. Merci, Cabot !

Le jeune patron fit entrer Till et referma la porte sans tarder.

– Asseyez-vous, je vous en prie.

Devant un immense bureau en bois chargé d'un monceau de papiers, il y avait deux fauteuils : l'un était garni de velours épais et l'assise en cuir de l'autre était tout usée. Till choisit ce dernier siège et s'assit. Prrrout ! Le coussin de cuir laissa échapper un bruit gênant. « Pourvu qu'il n'ait rien entendu », se dit Till en se tortillant, mal à l'aise.

Mais Dezinc junior était trop occupé à débarrasser un petit coin de table pour remarquer quoi que ce soit. Il ne leva la tête qu'au bout de cinq bonnes minutes ; alors il se pencha par-dessus son fouillis de paperasse pour examiner attentivement le nouveau postulant.

– Sacré nom ! Un petit bonhomme en bois ! s'écria-t-il avec un sourire. C'est extraordinaire ! Comment vous appelez-vous, mon jeune ami ?

– Till Brindille, monsieur.

– Tiens donc ! Eh bien, Till, je suppose que vous cherchez un emploi ?

– Oui, monsieur. Je viens d'arriver en ville, et j'ai vu le panneau sur votre portail…

– C'est un excellent début ! reprit le jeune homme en battant des mains comme un phoque. Vous êtes fort observateur ! Mais – attention, c'est une question plus difficile – vous avez réussi à le lire ?

– Oui… répondit Till d'un ton plus lent.

– Extraordinaire ! Absolument irremplaçable ! Oh, vous êtes exactement celui qu'il nous faut ! Pourriez-vous commencer dès demain ?

Till hocha la tête.

– Merveilleux ! Avez-vous besoin d'un toit ?

Till acquiesça de la même façon.

– C'est capital ! Il y a un dortoir derrière l'usine. Vous pouvez y loger, nous prélèverons un sou par semaine sur votre salaire. Vous voulez manger ? Je vais voir ça avec la cantinière, Mme Miroton. Donc, demain matin à six heures sonnantes, vous vous présenterez devant M. Mossman, le contremaître. Vos collègues vous diront où le trouver. Et maintenant, il ne me reste plus qu'à vous accueillir officiellement.

Il se leva d'un bond, saisit la main de Till et la secoua vigoureusement.

– Soyez le bienvenu parmi nous, jeune Till ! Bienvenue chez Dezinc & Fils. Travaillez dur, obéissez à vos maîtres et vous verrez s'ouvrir devant vous les portes d'un brillant avenir.

– C'est vrai ?

– Absolument ! Un ciel bleu à perte de vue ! Bleu layette, même !

Till n'avait pas souri depuis des jours, mais il sentit monter le coin de ses lèvres. Bleu layette ! Pas gris comme la honte ou noir comme la mort, non, bleu layette ! Tout n'était peut-être pas perdu, finalement.

Chapitre 16

Le lendemain matin, à six heures moins cinq, Till arriva devant le bureau du contremaître. Tout autour, l'usine sifflait et bourdonnait. Des flammes dansaient sous les grandes bassines à confiture en cuivre. Des tuyaux laissaient échapper des sifflets de vapeur. La fumée tournoyait et dansait. L'air était chargé d'un parfum de fraise.

À six heures sonnantes, la porte du bureau s'ouvrit et un homme parut. Il portait des vêtements immaculés, et sa cravate était aussi parfaitement tendue et droite qu'un fil à plomb. Un insigne était épinglé à son revers :

CISEL MOSSMAN
CONTREMAÎTRE

– Bon, dit-il avec un sourire forcé. C'est toi, le nouveau.

– Oui, monsieur. Till Brindille, monsieur.

– Vraiment.

D'un mot, Mossman avait balayé le passé, le présent et l'avenir de Till. Il l'examinait des pieds à la tête, d'un regard brillant.

– Tu as fait très bonne impression, chez le patron. Il faut dire qu'il est impressionnable. Moi, je réserve mon opinion tant que je ne t'ai pas vu au travail. Mais je dois reconnaître que tu pourrais nous être utile. Tu es fort ?

– Oui, monsieur. Je suis très costaud.

– Hum… murmura Mossman d'un air pensif. Il faut que je décide du poste que tu occuperas. En attendant, tu vas faire le tour de l'usine. Mallebranche !

– Oui, m'sieur !

La tête d'un jeune homme parut au-dessus d'une pile de sacs de sucre.

– Mallebranche, fais visiter les locaux à ce garçon et reviens avec lui, après.

– Oui, m'sieur !

Le contremaître rentra dans son bureau, laissant derrière lui son employé souriant qui tendit une main crasseuse et dit :

– Je m'appelle Plumeau. Et toi ?

– Till, répondit l'intéressé en lui serrant la main.

– Mince alors ! s'écria Plumeau. Tu as de la poigne ! Tu es en quoi, exactement ?

Il retroussa la manche de Till pour examiner son bras et passa son doigt le long du bois.

– En frêne, je crois, mais je n'en suis pas sûr.

– Pas mal du tout !

Plumeau lui donna une tape dans le dos, mais il le regretta aussitôt. Il frotta sa paume rougie en grimaçant.

– Allez, le nouveau, viens avec moi ! Tu as plein de choses à voir, et Mossman va surveiller sa pendule, comme d'habitude !

Ils firent ensemble le tour de l'usine à confiture. C'était un labyrinthe de couloirs et de laboratoires où étaient entassés des tuyaux et des poulies, des courroies et des chaudières, des chaînes, des roues, des engrenages et des barils. Dans les réserves, les paquets de sucre, de citrons et de fruits en tous genres montaient jusqu'au plafond. Les ouvriers faisaient des allées et venues avec leurs chariots d'ingrédients. Dehors, les livreurs s'apprêtaient à en décharger encore plus.

La confiture cuisait dans les salles 1 à 6. Dans chacune de ces grandes pièces caverneuses, il y avait dix immenses bassines de cuivre, aussi hautes qu'une maison, sous lesquelles le feu flambait, alimenté par les « serveurs ». Ces hommes musclés envoyaient des dizaines de petits « charbonniers » crasseux chercher de quoi alimenter les foyers.

– Je vais te montrer ce qui se passe là-haut, annonça Plumeau en criant plus fort que tout le monde.

Il mena Till vers un escalier qui débouchait sur une longue estrade, à hauteur du bord des bassines. Au-dessus de ces récipients, des rails formaient un cercle de chaque côté duquel se trouvaient de drôles de bicyclettes.

Till nota que seule l'une de ces machines à pédales était occupée. Il se demanda pourquoi.

Les vélos avaient des roues, mais pas de pneus : les jantes étaient emboîtées directement dans les rails et une énorme cuiller, pendue entre le mécanisme et les bassines, assurait l'équilibre de ce curieux engin.

Ceux qui pédalaient portaient le titre de « touilleurs ». Ils travaillaient par équipes de deux. Tandis que le premier était au repos, le second prenait place. Et quand il pédalait, le mécanisme d'entraînement faisait tourner la cuiller, qui mélangeait la confiture.

Celle-ci bouillonnait comme de la lave ardente ; d'ailleurs, les touilleurs portaient une combinaison de protection en cuir. Mais cela ne faisait qu'accentuer la chaleur qui régnait dans les locaux.

L'un des garçons cessa de pédaler et descendit de son engin pour retourner vers l'estrade d'un pas mal assuré. C'était risqué. Étourdi de fatigue, il devait longer une étroite passerelle. Si, par malheur, il tombait dans la confiture, il périrait ébouillanté.

Pendant ce temps, sur l'estrade qui se trouvait de l'autre côté de la bassine, le second touilleur s'approchait de son propre vélo. Il monta sur la selle et se mit à pédaler. L'enchaînement était parfait, et la cuiller ne resta immobile que pendant quelques secondes.

Till regarda le garçon au repos retirer ses lunettes de protection et se déboutonner. Il ruisselait de sueur. À bout de souffle. Les yeux exorbités, il s'appuya contre la rambarde.

– Je te présente Lampion Butin, dit Plumeau en posant la main sur l'épaule de son collègue. Lampion, voici Till.

L'employé hocha la tête, mais il était trop épuisé pour discuter. D'un pas lourd, il s'avança vers un seau d'eau disposé non loin, but avec avidité et leva la tête. Till suivit son regard : un immense sablier était fixé sur le montant qui maintenait les rails en suspension. Du sable rouge y filait lentement ; il n'en restait qu'un peu plus de la moitié. Lampion Butin soupira et commença à se reboutonner. Il eut juste le temps de remettre ses lunettes et de retourner sur la passerelle. Quand le sable fut épuisé, le second garçon put cesser de pédaler, car Lampion avait rejoint son vélo.

Plumeau tapota l'épaule de Till.

– Par ici, dit-il.

Il le fit descendre un autre escalier pour entrer dans la salle de mise en pots.

Des tuyaux sous pression crachaient la confiture, encore chaude et bouillonnante, dans des bocaux. Il ne restait qu'à visser les couvercles, puis poser le tout sur un tapis roulant surélevé qui menait à la salle d'étiquetage. Les « étiqueteuses » passaient la journée à manipuler des pots de colle et des pinceaux en poil de porc pour fixer des carrés de papier. Ensuite, les bocaux allaient jusqu'aux « emballeurs », qui les disposaient deux par deux dans des cartons. Les paquets étaient déposés sur des chariots et mis en réserve, où ils attendaient d'être expédiés quelque part dans le monde.

– Alors, tu es impressionné ? demanda Plumeau.

– Et comment ! dit Till.

– Normal ! proclama Plumeau, non sans fierté. Nous sommes dans la plus grande et la meilleure confiturerie de toute la Verdurie.

– Où est-ce que je vais travailler ?

– Je n'en sais rien, dit Plumeau en haussant les épaules. Il faut voir ça avec Mossman. Au fait, il vaudrait mieux qu'on le rejoigne. Viens vite !

*

Mossman avait pris sa décision.

– Il me semble qu'un garçon en bois est insensible à la douleur.

Il leva un sourcil d'un air interrogateur. Till ne répondit rien.

– Parfait. Tu peux donc être touilleur. Sachant qu'une éclaboussure de confiture ne te brûlera pas, tu ne porteras pas de combinaison de protection. Et, contrairement aux autres garçons, tu n'auras pas besoin de faire une pause toutes les dix minutes. Tu pourras travailler toute la journée. Comme tu ne seras pas en alternance avec un autre employé, je ferai des économies. C'est parfait, n'est-ce pas ? Tu commences tout de suite. Mallebranche !

– Oui, m'sieur ? dit ce dernier en s'approchant.

– L'équipe vient de mettre la bassine n° 3 à chauffer. Emmène Till à son poste et montre-lui comment actionner le cyclotouilleur.

– Oui, m'sieur. Avec qui travaille-t-il, m'sieur ?

– Avec personne, répondit le contremaître tout en tirant sur sa cravate et en se regardant dans la glace fixée au mur de son bureau. Il sera tout seul.

– Toute la journée ? s'étonna Plumeau Mallebranche. Sans pause ?

– Il prendra une pause au déjeuner. Tu as besoin de manger, je suppose ?

Till acquiesça.

– Bon. Tu feras une pause à midi et une autre à cinq heures et demie. La journée commence à six heures du matin et s'achève à neuf heures du soir. Allez, file.

Till remonta l'escalier en spirale vers la plate-forme suspendue, où Plumeau lui expliqua le fonctionnement de l'appareil. En dessous, une bassine de gelée de groseilles commençait à bouillonner. Des nuages roses et parfumés s'élevaient en tournoyant. Il était temps de se lancer. Till se mit en slip, rangea ses vêtements pour qu'ils restent hors de portée des projections de confiture, se hissa sur le vélo et commença à pédaler.

L'énorme cuiller se mit à tourner, d'abord lentement, puis plus vite, à mesure que Till pédalait plus fort. Et il pédala de plus en plus fort, en effet, à mesure qu'il prenait confiance. Le vent lui sifflait aux oreilles. Il était grisé. À sa gauche, un garçon s'efforçait de mélanger le contenu d'une cuve de marmelade, malgré la gêne que lui causait sa combinaison de protection. À sa droite, un autre transpirait au-dessus d'une gelée de cassis. Till, lui, était à son aise ! Ses jambes robustes montaient et descendaient dans la vapeur parfumée. La confiture était sur le point d'entrer en ébullition. Les bulles jaillissaient et éclataient, le mélange frémissait et ondulait. Les poches d'air montaient jusqu'à la surface et explosaient comme des pétards de feu d'artifice, projetant haut dans les airs un peu de fruit et de sucre.

Till sentit qu'il devenait poisseux. Il fut bientôt couvert d'une fine couche sucrée. Il se lécha les lèvres et reconnut ce goût. La température montait. Autour de lui, l'air vibrait, comme s'il allait se plier et fondre sous cette indicible chaleur. Mais Till ne cessa pas de pédaler. Il était infatigable. De temps en temps, il s'arrêtait pour boire un verre d'eau. Il prit aussi une pause pour déjeuner et pour dîner. À part cela, il travailla sans arrêt, insensible à la chaleur et aux éclaboussures bouillantes.

Au rez-de-chaussée, Mossman observait son nouvel employé comme un renard regarde un rouge-gorge. Il était si concentré qu'il ne remarqua pas que Dezinc junior était là, jusqu'à ce que celui-ci prenne la parole.

– Eh bien, Mossman ! Il est merveilleux, ce petit ! Il est taillé sur mesure pour ce poste.

– Tout à fait, patron. Je voudrais bien en avoir une douzaine.

Ils levèrent la tête. Sur la plate-forme, Till pédalait frénétiquement, comme si sa vie en dépendait.

– Extraordinaire ! s'exclama Dezinc junior. Tout à fait extraordinaire !

Il se tourna vers le contremaître et ajouta, d'un ton plus bas :

– Il ne faudrait pas qu'il nous échappe.

– Non, monsieur, répondit posément Mossman.

Son regard gris s'était endurci.

– Veillez bien sur lui, Mossman. Qu'il ne prenne pas de risques inutiles, surtout.

– Oui, monsieur, dit Mossman sans quitter des yeux le nouveau touilleur. Je veillerai sur lui comme sur mon propre fils.

– Hum. Faites simplement le nécessaire.

Il se retourna et s'éloigna.

Alors seulement, Mossman baissa les yeux. Il regarda son jeune patron se faufiler entre les appareils et siffla :

– Mais ce n'est pas mon fils ! Et un malheur est si vite arrivé…

Chapitre 17

Les ouvriers disposaient d'un jour de repos par semaine et Till prit bientôt l'habitude de passer le sien en compagnie de Lampion Butin. Ils avaient beaucoup de choses en commun. Ils étaient touilleurs. Ils logeaient au dortoir. Ils aimaient bien Plumeau Mallebranche. Ils détestaient Mossman. Et ils étaient orphelins tous les deux. C'était du moins ce qu'ils s'étaient dit. Mais un jour, alors qu'il travaillait à l'usine depuis environ un mois, Till apprit la vérité au sujet des parents de Lampion.

Les deux garçons se promenaient en ville. C'était un jour d'hiver glacial. Les chemins étaient givrés, mais un soleil glorieux transformait les rues en lignes d'or. Pour la première fois depuis des semaines, Till était heureux. Il sourit à son nouvel ami, qui lui rendit son sourire. Ils étaient libres, il faisait beau et ils avaient acheté des sandwichs aux saucisses grillées. Que rêver de mieux ?

Ils s'installèrent sur un muret pour manger. Ils avaient une vue directe sur le chantier d'un immense bâtiment qui montait jusqu'au ciel. Une équipe d'ouvriers s'agitait au pied de l'immeuble : ils pompaient pour activer une impressionnante soufflerie qui faisait monter des briques dans un tuyau, vers les maçons installés en haut. Des dizaines d'hommes tapaient et martelaient, sciaient et perçaient, pelletaient et nivelaient. Camions et fourgons allaient et venaient sans fin, tractés par des rats attelés couverts de sueur. « C'est comme au village », se dit Till. Mais ces rats-là n'étaient pas lisses et soyeux. Ils étaient grisâtres, sinistres. L'un d'eux venait de mourir ; deux hommes le tiraient par la queue pour le sortir de sa roue mécanique. Till tourna la tête et demanda :

– Qu'est-ce qu'ils construisent ?

– Une prison, répondit Lampion, la bouche pleine de saucisse.

– Qu'est-ce que c'est, une prison ?

– Comment, tu ne sais pas ?

– Non.

Lampion s'essuya d'un revers de manche.

– C'est un endroit où on enferme les gens. Ceux qui n'ont pas respecté la loi. Les voleurs. Les assassins. Les gens comme ça.

Till ne mâchait plus. Il regardait les murs épais et les fenêtres grillagées sans rien dire.

– Il n'y a donc pas de prison chez toi ? demanda Lampion.

– Non, répondit calmement Till. Je viens d'un petit village.

– Mais personne ne fait jamais rien de mal, là-bas ?

– Non.

Till sentait battre son cœur : boum, boum, boum.

– Moi, mes parents sont en prison, annonça Lampion.

Till se tourna d'un coup, surpris.

– Ah bon ? Je croyais qu'ils étaient morts.

– Non. Ça, c'est ce que je raconte. En vérité, ils sont détenus à Moulinville. On travaillait dans un moulin, tous les trois, mais ils ont eu des ennuis.

Il se tut et Till vit que ces souvenirs faisaient briller les yeux de son ami.

– Le patron nous faisait travailler dur. Je sais qu'ici, on ne rigole pas, mais là-bas, c'était encore pire. Les ouvriers ont essayé de protester. Ils se sont révoltés et mes parents ont été surpris en train de saboter l'une des machines. Et au moment du procès…

Voyant que Till l'interrogeait du regard, Lampion expliqua :

– Un procès, c'est quand on doit se présenter devant des gens pour expliquer ce qu'on a fait, et pourquoi. Normalement, ça doit être équitable. Par définition ! Mais là, ça n'a pas été juste. Les membres du jury étaient tous des contremaîtres ou des propriétaires de moulins, et ils n'ont pas voulu entendre mes parents s'expliquer. Le juge non plus ! Lui aussi, il était patron, et il ne tenait pas du tout à ce que le désordre se répande. Alors il les a condamnés à la prison à vie. Moi, je me suis enfui, au cas où quelqu'un viendrait me chercher. Et je suis arrivé ici.

Il se tut soudain, en attendant que Till lui raconte à son tour son histoire. Mais ce ne fut pas le cas. Till resta silencieux, chiffonnant et tortillant le papier d'emballage de son sandwich.

– Tu n'as pas de parents, toi ? demanda Lampion pour le relancer.

– Non.

Till était de plus en plus agité et soudain, à la surprise de Lampion, il bondit au sol et se mit à donner des coups de pied dans le mur.

– Si, dit-il. Si, j'ai des parents. Je ne sais pas pourquoi je dis le contraire. C'est des gens bien. Ils m'ont recueilli quand j'étais bébé. Quand j'étais encore dans l'œuf.

– Tu es sorti d'un œuf ? demanda Lampion, ébahi. Il était gros comment ?

– À peu près de la taille d'un œuf d'oie.

– Il a été pondu par une oie ?

– Mais non ! Il a été trouvé dans un champ.

– Mais comment tu es arrivé là ?

Pas de réponse. Till s'adossa lourdement au mur.

– Je l'ignore, avoua-t-il enfin. Pendant longtemps, je n'y ai pas pensé. Quand j'ai posé la question à mes parents, ils m'ont dit qu'ils n'en savaient rien. Je comptais interroger ma maîtresse d'école, mais…

Il ferma les yeux et se passa lentement une main sur le visage.

– Je ne sais ni qui je suis ni d'où je viens. Cette ville grouille d'habitants, mais je n'en ai pas vu un seul qui soit comme moi. Je regarde partout, tout le temps. Tout le temps. Je ne vois personne qui me ressemble.

Lampion perçut le désespoir dans la voix de son ami, mais il posa néanmoins une question supplémentaire, le plus doucement possible.

– Pourquoi es-tu venu ici ?

– Je me suis sauvé.

– Tu avais des ennuis ?

Till ne répondit pas.

– C'était à cause de Biberon ?

Till se tourna vers lui, les yeux grands ouverts.

– Tu parles pendant ton sommeil, expliqua Lampion. Tu fais des cauchemars. Et tu répètes ça tout le temps.

– Ah bon ?

Till respirait avec un bruit comparable à celui des machines du chantier.

– Je ne le fais pas exprès. J'essaye d'oublier. Mais je n'y arrive pas.

Lampion n'osait plus l'interroger. Il frissonna.

– Je commence à avoir froid, à force de rester assis comme ça. Allez, viens ! Je vais te montrer la rivière.

Ils reprirent la route. Mais le soir tombait déjà, et il n'est pas facile de s'amuser quand on a la tête qui déborde d'images de prison, de juges, de cauchemars et de procès.

Chapitre 18

Était-ce un coup de froid dû au soleil trompeur de cette journée d'hiver ? Ou bien le brouillard épais qui planait au-dessus de la rivière était-il toxique ? En tout cas, quand Till s'éveilla, le lendemain matin, il avait une étrange fièvre. Il avait mal dormi une fois de plus et, quand la cloche du dortoir sonna pour appeler l'équipe du matin, il put à peine soulever sa tête de l'oreiller.

– Lampion, grogna-t-il. Va chercher Mme Miroton.

La cantinière entra dans le dortoir avec un bruit de taffetas et de dentelle et se pencha au-dessus du lit de Till. Ses jupons retombèrent autour d'elle en bruissant.

– Par la sainte chatouille ! s'écria-t-elle. Voilà ce qui s'appelle un malade. Je n'ai vu personne transpirer comme ça depuis la crise de pindicite de ce pauvre M. Miroton.

Elle fouilla les poches de sa jupe et en tira une pastille de menthe qu'elle glissa entre les lèvres desséchées de Till.

– Là…

– Ça va me guérir, ça ?

– Te guérir ? Oh non, mon ange. Mais au moins, tu n'auras plus cette haleine de putois. Je ne vois pas pourquoi nous devrions tous souffrir de ta maladie. Bon, où est passé Lampion Butin ? Lampion ? LAMPION !

Sa voix fendait l'air comme une scie rouillée. Les araignées en tombaient de leur toile.

– Lampion, préviens M. Mossman que ce petit n'ira pas au travail aujourd'hui.

En apprenant la nouvelle, le contremaître fronça les sourcils et fit venir Plumeau Mallebranche.

Quelques minutes plus tard, Till était tiré du lit. Mme Miroton avait beau pousser des cris d'orfraie, rien n'y fit. Tout en l'aidant à enfiler sa veste, Plumeau expliqua à Till :

– J'ai reçu des ordres. Mossman exige que tu y ailles.

Plumeau était blanc comme un linge. Il mena Till à l'usine et l'aida à monter l'escalier des cyclotouilleurs. Mossman les suivit et les surveilla. Plumeau tendit ses lunettes de protection à Till.

Le malade grognait. Il avait très mal à la tête, peinait à ouvrir les yeux et, à cause des lunettes, ne voyait pratiquement rien. Soudain, il entendit la voix de Lampion.

– Monsieur Mossman ! Monsieur Mossman !

– Qu'est-ce que tu fabriques, toi ? Remonte sur ta selle.

– Monsieur Mossman ! Je vous en prie ! Till ne va pas bien ! Il est malade ! Pour de vrai !

– Retourne à ton poste, Butin. Tout de suite.

– Mais, monsieur Mossman, il faut qu'il…

– Ne me dis pas ce que j'ai à faire, mon garçon ! Remonte sur ton vélo ! Immédiatement !

Till sentit la plate-forme trembler sous les pieds de Lampion qui s'éloignait. Il comprit ensuite que des mains l'aidaient à monter sur son cyclotouilleur. Il saisit le guidon et inspira profondément. Il se mit à l'œuvre, mais appuyer sur les pédales était une véritable torture. Après avoir accompli un tour, il dut s'arrêter. Il était tout tremblant.

– Allez, continue.

Mossman était encore là ! Till reprit son souffle et se remit à la tâche, luttant contre la fièvre qui l'assommait. Il se balançait sur la selle. La cuiller ne bougeait presque plus. La confiture était sur le point de brûler. Elle bouillait violemment. La vapeur s'élevait en volutes, aussi épaisse qu'un nuage orageux.

Till serra fort le guidon. Il chancela, vaincu par la sueur, la douleur et le vertige.

Et il tomba.

Comme une mouche.

Vers la bassine à confiture.

Tout droit.

Et ploc ! Il fut englouti tout entier.

– Non ! hurla Lampion, qui avait tout vu. NON !

Ce ne fut que cris, hurlements, agitation des pieds et des mains, gestes, appels, conseils :

– De l'eau, allez chercher de l'eau, encore, encore…

Pris de panique, les confituriers s'étaient assemblés autour de la bassine pour regarder leurs collègues déverser des seaux d'eau dessus.

– Plus vite, plus vite !

Mais il était trop tard, tout le monde le savait. Personne ne pouvait survivre à un bain de confiture bouillante.

On parvint enfin à éteindre le feu. Mossman avait envoyé chercher une échelle. La confiture frémissait toujours, et seule une personne protégée par une combinaison en cuir pouvait se hisser jusqu'au bord de la bassine. Capuchon Colin, l'aîné des touilleurs, se porta volontaire.

On n'entendait plus un son dans toute l'usine. Rien que les plops de la confiture. Le tic-tac de l'horloge du bureau. Le choc des bottes de Capuchon sur les marches de l'échelle. Puis un cri :

– Il est vivant !

Vivant ? Till était vivant ? Les ouvriers n'en croyaient pas leurs oreilles. Mais il était bel et bien là : il remontait à la surface et sortait de la bassine. Il bascula vers le sol, retenu par les bras de ses collègues. Ruisselant de confiture, il était deux fois plus lourd. Poisseux, mais souriant.

Lampion avait l'impression de voir un fantôme. « Comment a-t-il fait ? Il est indestructible ! » Il tremblait de soulagement. Il avait besoin de s'asseoir.

Alors qu'il s'éloignait du reste de l'équipe, Lampion vit Mossman debout devant son bureau. Parfaitement immobile. Il faisait grise mine, du même gris que son costume. Sa veste avait reçu une éclaboussure de confiture et sa cravate était un peu de travers. Il tira sa montre de sa poche, y jeta un coup d'œil et la rangea.

– Regarde-le, souffla Plumeau Mallebranche à l'oreille de Lampion d'une voix fatiguée. Il va nous faire nettoyer tout ça, et dans trois minutes, on reprendra comme si de rien n'était.

Il avait vu juste. C'est exactement ce qu'ordonna le contremaître.

Chapitre 19

Till rêva qu'il tombait une nouvelle fois. Il sombrait dans une obscurité épaisse, noire comme de l'encre et apparemment sans fin. Mais si, il y avait bien une fin, et quelqu'un l'y attendait. Une petite silhouette pâle comme un champignon se tenait dans la pénombre. Un garçon. Qui leva la tête en souriant, les bras grands ouverts pour l'accueillir.

– Tu viens jouer avec moi ? demanda Biberon.

– Oooh !

Till s'éveilla en tremblant. Il serra les couvertures et les tira vers lui, scruta la pénombre du dortoir. Il écouta son souffle irrégulier et les battements violents de son cœur. Puis il y eut un nouveau son – un bruissement de taffetas – et Mme Miroton entra, une lanterne en corne à la main. Elle s'approcha du lit, posa son doigt sur les lèvres de Till et lui fit signe de la suivre.

Il obéit. Il longea les rangées de lits du dortoir, passa la porte et traversa la cour en se guidant grâce à la lueur de la lanterne. Ils passèrent sous une voûte, gravirent un escalier et entrèrent enfin dans une pièce aussi étincelante qu'un nid de pie.

– Assieds-toi, mon petit, dit-elle. Mets-toi à ton aise. Je vais préparer un petit quelque chose qui nous réchauffera, d'accord ?

Elle disparut dans la cuisine adjacente. Till entendit le sifflement du gaz et le tintement d'une casserole de lait. Il examina la pièce autour de lui. « Nom d'une queue de renard ! » se dit-il.

Que de bibelots ! En or, en argent, en porcelaine, en verre... Il y en avait jusque dans le moindre recoin. Mais la pièce était d'une parfaite propreté ! Comment diable Mme Miroton faisait-elle pour entretenir tout cela ?

– Tiens, mon lapin, annonça-t-elle en revenant dans la pièce.

Elle lui tendit une tasse de lait bien chaud avant de s'asseoir dans un fauteuil.

– Alors, c'était dur ? Ton cauchemar ?

Till hocha la tête.

– Tu rêvais de Mossman ?

– Non !

– Ça arrive souvent, tu sais... expliqua Mme Miroton. Ce satané bonhomme parvient à maltraiter les gens vingt-quatre heures sur vingt-quatre. Et après ce qui s'est passé aujourd'hui... je pensais qu'il était venu hanter ta nuit.

Till prit une gorgée de lait – miam ! C'était délicieux. Il serra la tasse entre ses mains et inspira le parfum tout chaud.

– M. Mossman ne m'aime pas, dit-il.

– Il n'aime personne, mon petit. Il est comme ça.

– Je sais bien, mais moi, il ne m'aime vraiment pas du tout.

Mme Miroton pencha la tête d'un air pensif.

– Je n'aime pas beaucoup les commérages, mais je dois avouer que Plumeau Mallebranche m'a dit exactement la même chose. Tout ce que je sais, c'est que Mossman est plutôt simple. Il rejette ce qu'il ne comprend pas.

– Je suis donc la seule créature en bois de tout Bourg-Dezinc ?

– La seule au monde, je dirais ! Je n'en ai jamais vu d'autre. Mossman non plus, à mon avis. En plus, tu es costaud, il faut le reconnaître. Il n'aime pas ça. Il sent qu'il ne peut pas te pousser à bout. Il aime bien épuiser les gens, les rendre dociles. Mais toi, mon petit, tu es inépuisable. Il aura beau te crier aux oreilles pendant des heures, te mener la vie dure, il ne pourra pas te soumettre. Il le sait, et ça le travaille.

Elle eut un petit sourire malicieux et porta sa tasse à ses lèvres, si avidement qu'elle se trouva ornée d'une moustache blanche.

– Comment avez-vous fait pour m'entendre ? demanda Till. Vous êtes très loin du dortoir, ici.

– Oui, mais je fais des visites, la nuit. Je vais écouter mes garçons. Il y en a toujours un qui a besoin de moi. Qui marmonne. Qui pleure. Qui fait un cauchemar. Qui fait pipi au lit. Vous êtes si jeunes. Complètement perdus. Loin de chez vous. Pour la plupart, vous n'avez plus de famille – du moins, personne pour vous accueillir. Sinon, vous ne seriez pas ici. La nuit, quand il fait sombre et que tout le monde dort à poings fermés, vous êtes à la merci du passé. Parce que c'est toujours lui qui vient vous trouver. Il ne reste pas à sa place. Je voudrais bien qu'il s'y tienne, mais non. Il remonte systématiquement, dans l'obscurité, jusque dans vos rêves. Vous avez beau espérer que le temps efface la douleur, ce n'est pas le cas.

Elle se tut. On n'entendait plus que le tic-tac de l'horloge et le crépitement de la chandelle.

– On n'y peut donc rien ? demanda Till d'une voix à peine audible.

– Qu'y pourrait-on ? dit Mme Miroton avec un faible sourire. On ne peut pas remiser le passé. Parfois, on croit que si, mais il revient d'un coup et boum ! On se retrouve à la case départ, sans que rien ne se soit effacé. On a beau fuir, aller très loin, très vite, on l'emporte toujours avec soi. Il vous colle à la peau comme une puce sur un chien. Je ne sais pas… On ne peut pas changer les choses. Ni réécrire le passé. En revanche, il est possible d'améliorer le présent. Enfin, j'ai entendu dire que certains y parviennent. Tout dépend de la nature du problème.

– Je ne voulais pas… L'acte que j'ai commis… c'était un accident. Un accident. Mais cela ne me console pas. Je ne peux pas croire que j'aie pu faire une chose si horrible. Je n'arrive pas à me pardonner. Ni à oublier.

– Est-ce que tu pourrais retourner sur les lieux, mon petit ? Aller t'expliquer ? Présenter tes excuses ?

– Non. C'est impossible. Ça ne ferait qu'envenimer la situation. Ce serait vraiment bien pire. Si je me tiens à distance, ils finiront peut-être par m'oublier. Je ne mérite pas qu'on se souvienne de moi.

– Moi non plus, mon cœur. Moi non plus.

Pourtant, à la lueur du feu, Till se dit qu'il n'oublierait pas Mme Miroton, lui. Pas plus qu'il n'oublierait cette nuit-là, cette pièce, cette sagesse.

– Ne baisse jamais les bras, recommanda-t-elle soudain. Tu as peut-être commis des méfaits, mais tu n'es pas un malfaiteur. Je le vois bien. Tu as le droit de vouloir vivre en paix. Alors vas-y, pars à la recherche de la paix, mon ange. Cherche-la bien. Bats-toi. Et tu gagneras.

Les yeux de Till brillaient aussi fort que les bibelots alentour.

– D'accord ! Je vais me battre. Merci, madame Miroton. Merci infiniment.

Il retourna se coucher, et il dormit.

Chapitre 20

Mousseline Dezinc était un soleil qui illuminait l'usine dès qu'elle y pénétrait. Till la voyait presque tous les jours. Parfois, elle paraissait au bras de son père, qu'elle soutenait tandis qu'il marchait d'un pas lent de rhumatisant. D'autres fois, elle était avec son frère. Mais la plupart du temps, elle venait seule et se mettait à l'ouvrage en chantonnant tout bas. Elle inspectait les réserves, s'assurait que la provision de sucre montait jusqu'au plafond ; que les paniers suspendus aux chevrons étaient garnis de citrons ; que les abricots et les prunes, les fraises et les poires, les pêches et les cerises, les raisins et les myrtilles étaient livrés à temps, à la belle saison.

Mousseline réservait toujours un petit mot gentil aux ouvriers et appréciait tout particulièrement Till. La première fois qu'elle l'avait vu travailler sans protection, elle avait été stupéfaite. Car, de son poste d'observation, au rez-de-chaussée, elle n'avait pas compris qu'il était en bois. Elle n'avait vu qu'un garçon ruisselant de gelée de myrtille des pieds à la tête, qui pédalait assidûment.

Prise de panique, elle avait alors bondi sur l'échelle pour faire signe à ce garçon de s'arrêter. D'abord intriguée par l'aspect inhabituel de sa peau, elle avait fini par discuter avec lui pendant une demi-heure. À chaque minute, Till s'était senti tomber un peu plus sous le charme de cette créature si plaisante et gracieuse, qui l'écoutait parler avec tant d'intérêt. Elle était tellement belle. Tellement, tellement belle.

Till était mordu, c'était évident ; Lampion ne manqua pas de s'en apercevoir et se mit à taquiner son camarade jour après jour. Cela ne gênait pas Till. Au contraire, c'était distrayant, surtout quand Lampion nouait ses cheveux avec des rubans jaunes et se mettait à chanter : « Voici l'élue de ton cœur ! » Curieusement, Till se réjouissait de ces moqueries. Tant que Lampion restait convaincu de cette hypothèse, la vérité restait bien cachée. Car Till aimait Mousseline, oui, de tout son cœur – mais il voyait en elle une sœur idéale, et non une fiancée.

Selon Till, Teck Dezinc était le plus heureux des hommes. Il avait une sœur exceptionnelle, et qui l'adorait. Certains frères et sœurs se disputent comme des chiffonniers, mais ce n'était pas leur cas. Quand ils étaient ensemble, ils riaient et s'amusaient. C'étaient les meilleurs amis du monde. Non, c'était plus que cela. Victime d'une cruelle crise de jalousie, Till constata que Teck protégeait instinctivement sa sœur. Il l'aidait à se faufiler entre les machines, lui faisait faire un détour s'il y avait une flaque d'eau, marchait du côté de la voie quand les carrioles de livraison approchaient.

C'était indéniable : Teck adorait sa sœur, qui veillait sur lui en retour. Elle partageait ses secrets et l'écoutait exprimer ses rêves ; d'un geste tendre ou d'un simple sourire, elle lui rendait la vie plus belle. Elle l'aimerait toujours, toujours, quoi qu'il advienne.

*

Où qu'elle aille, Mousseline était accompagnée de sa chienne. Dolly, terrier maigrichon paré d'un collier écossais, n'aimait rien tant que chasser les souris de l'usine. Les rongeurs étaient un problème récurrent dans les réserves. Ils proliféraient par centaines sous le plancher ou dans les creux des murs. Ils trouvaient de quoi manger en abondance : des fruits secs ou frais, du sucre, du miel... Ils grignotaient tout. Mais ce n'était pas là le seul problème. Leurs crottes ressemblaient tant à des graines de baies que, s'il en tombait un peu dans une confiture, personne ne s'en rendait compte. De plus, quand ils déchiquetaient les sacs, les torchons ou le plancher, ils laissaient derrière eux une montagne de débris. En général, la formidable équipe de ménage menée par Savonnette Faubert balayait le tout avant qu'un incident n'ait lieu. Mais un jour, le destin bascula.

Chapitre 21

C'était une triste matinée. L'hiver était fini, mais la pluie persistait et tout le monde avait la goutte au nez. Quand Savonnette Faubert arriva à son poste, elle constata que trois des femmes de son équipe étaient absentes. Elles étaient restées chez elles, bien au chaud dans leur lit, avec leur bouillotte et leur thé au miel.

– Il fallait que ça tombe aujourd'hui, grogna-t-elle.

Celles qu'elle appelait « les filles », petite troupe de femmes aux cheveux grisonnants et aux jambes striées de bourrelets, hochèrent la tête avec compassion.

Elles étaient dans le local de rangement, où les balais à franges pendaient dans un coin tandis que les brosses attendaient leur heure près de la porte.

Savonnette suça le bout de sa pipe et reprit :

– Mlle Mousseline attend une livraison de sucre vanillé, vous savez ce que ça veut dire. C'est délicat. Très délicat. Ce sucre absorbe la moindre odeur qui flotte alentour, et s'il finit parfumé à la crasse et à la poussière, devinez qui se fera taper sur les doigts !

Les filles acquiescèrent solennellement.

– Nous devons donc récurer la remise B et, comme nous ne sommes que quatre, le sol de l'usine devra être fini à toute allure pour que nous ayons le temps d'enchaîner la besogne. Le livreur viendra vers deux heures, mais il faut que la salle ait le temps de sécher ; alors ne traînons pas.

Savonnette vida sa pipe par terre, écrasa la braise d'un coup de talon, lissa les plis de sa salopette, s'étira, bâilla et mena vers l'usine son équipe armée de balais et de pelles à poussière. Quelques minutes plus tard, elles astiquaient, lustraient, brossaient et dépoussiéraient, remplissaient des sacs et vidaient les poubelles.

On aurait dit des fourmis. Elles étaient acharnées, rigoureuses et efficaces – mais trop pressées. Au fond de la salle de cuisson n° 1, derrière un placard installé contre le coin du mur, il y avait un tas de chiffons en lambeaux. Il avait été jeté là, le matin même, par une souris qui occupait dans son groupe un poste comparable à celui de Savonnette Faubert. En temps normal, il aurait été balayé en moins de deux, mais ce jour-là n'était pas normal. L'équipe d'entretien passa à côté sans le voir. Les événements de la journée à venir prouveraient que c'était une lourde erreur.

La livraison du sucre vanillé causait une grande agitation dans l'usine, où tout fonctionnait selon une mécanique bien huilée : un geste en appelait un autre. C'était comme une machine : le moindre mouvement d'engrenage tendait une courroie, qui soulevait une charge, et ainsi de suite. Par exemple, la remise B était pleine d'un stock de bananes. Il fallait la vider pour faire de la place et y ranger le sucre vanillé, mais où mettre les bananes ? Aucun autre local n'était libre.

En arrivant à son poste, le contremaître Mossman se chargea de ce problème. La solution était simple : il n'y avait qu'à préparer de la confiture de banane. Mais il fallait faire vite, parce qu'on aurait besoin de la bassine en début d'après-midi pour cuire des framboises qui ne pouvaient plus attendre. Elles se flétrissaient d'heure en heure et, si elles ramollissaient, la confiture ne prendrait pas.

Mossman adorait ces jours-là, quand tout le monde avait des problèmes et qu'il parvenait, lui, à les résoudre. Il menait ses troupes avec vivacité. Plumeau Mallebranche fut chargé d'allumer un feu sous la bassine n° 1. On porta les bananes vers la salle de pesage, puis on les mélangea avec plusieurs litres d'eau dans la bassine. Elles mijotèrent bientôt et diffusèrent dans les airs un puissant parfum mordoré. Quand elles furent bien ten-dres, le contremaître y ajouta du sucre, du jus de citron et un mélange d'épices tenu secret, puis ordonna aux serveurs d'aviver le feu. Terrier Fortiche et Coco Gaillard, deux des employés les plus costauds de l'usine, se mirent à la tâche comme des démons : ils jetaient le charbon dans l'âtre par pelletées et réveillaient les flammes avec un impressionnant soufflet géant. Till, lui, fut chargé de mélanger la confiture.

De son regard de tigre, Mossman surveillait l'opération. Les choses ne tournaient pas rond. Les serveurs travaillaient avec acharnement et la confiture bouillait, certes, mais cela n'allait pas assez vite. Selon lui, c'était à cause des bananes : elles étaient si dures qu'elles avaient mis trop longtemps à s'attendrir. Il était prévu de préparer sans tarder un lot de confiture de prune dans la bassine n° 2, mais, par mesure de sécurité, il était exclu que l'on entretienne deux foyers en même temps. Peut-être qu'en chauffant la confiture de banane encore plus fort...

– Mallebranche ! cria Mossman. Dites à l'équipe que je veux encore plus de charbon, ici, tout de suite. Et puis allez me chercher les jumeaux Bradefer.

Plumeau envoya un garçon parler aux charbonniers et fila vers la cantine du personnel. Quelques minutes plus tard, il revint avec Boulon et Bélier Bradefer. Ces colosses au visage rougeaud et aux petits yeux porcins étaient aussi gros que des meules de foin, et leur réputation s'était répandue bien au-delà du cercle de l'usine. Ils étaient hors du commun. N'importe quel serveur savait préparer un feu et l'allumer, mais ensuite, il devait rester à proximité. Le foyer se transformait en monstre dévoreur qu'il fallait nourrir de lourdes pelletées de charbon. Mais, pour les jumeaux, les choses étaient différentes : c'était le feu qui se soumettait à eux, qui leur léchait les bottes avec obéissance et faisait tout pour leur plaire. Devant eux, n'importe quel foyer devenait plus beau, plus haut, plus chaud.

– Ah, voilà les experts, dit Mossman avec un soupçon de sourire en guise de bienvenue. On a besoin de vous.

Il les mena jusqu'à la marmite qui posait problème.

– Cette confiture doit absolument chauffer à fond. Fortiche et Gaillard ont fait ce qu'ils pouvaient... (Il se pencha vers les jumeaux d'un air complice.) Mais là, il nous faut autre chose.

Boulon Bradefer s'accroupit comme un crapaud et jeta un coup d'œil vers le feu. Bélier, lui, fit lentement le tour de la bassine en reniflant.

– Banane ? grommela-t-il.

Le contremaître hocha la tête.

– C'est bien ce qui me semblait, reprit Bélier. Faut de l'autorité, quand on fait de la banane.

Il retroussa ses manches.

– Parfait ! déclara Mossman. Fortiche ! Gaillard ! Laissez la place aux jumeaux.

Fortiche et Gaillard sortirent du nuage de fumée et s'éloignèrent, trop heureux d'être ainsi congédiés. Les deux frères vidèrent une nouvelle brouette de charbon. Au-dessus d'eux, Till pédalait comme un forcené.

Il sentit bientôt monter la température. Le feu rugissait, pris d'une vigueur nouvelle. Des flammes léchaient l'air gras avec voracité. En baissant la tête, Till vit les jumeaux qui jouaient du soufflet – et Mlle Mousseline qui s'approchait d'eux. Comment ne pas la remarquer ? Vêtue d'une robe de velours rouge, elle se glissait entre les pots de confiture comme un coquelicot dans un champ de chardons.

Mousseline regarda les jumeaux un court instant puis fila vers la réserve, son bloc-notes à la main. Dix minutes plus tard, quand Till partit déjeuner, il la vit faire l'inventaire des provisions de raisins secs dans la remise E. Sa chienne Dolly reniflait un sac en remuant la queue, tout excitée par une odeur de souris bien fraîche. Quand il passa dans l'autre sens, une demi-heure plus tard, Mlle Mousseline était toujours là mais, fatiguée par ce recensement, elle dormait à poings fermés, roulée en boule sur une pile de sacs. Dolly somnolait à côté d'elle, sans entendre les grattements et grincements des souris qui étaient revenues festoyer.

Till prit la relève des deux garçons qui l'avaient remplacé au cyclotouilleur. La confiture était sur le point de prendre. Elle collait aux parois de la bassine et émettait un parfum divin. Mossman faisait de grands gestes pour que les jumeaux couvrent le feu. Mais les flammes ne voulaient pas mourir et, quand Boulon Bradefer les aspergea d'un peu d'eau, l'une d'elles sauta comme une langue de dragon en crachotant avec bravade, et une nuée d'étincelles s'éleva dans les airs.

Bélier éteignit immédiatement le feu. Il ne resta bientôt plus qu'un tas de tisons menaçants et les jumeaux purent se congratuler avant de s'éloigner, tels des soldats victorieux.

Mais les braises n'avaient pas capitulé. Une simple étincelle, projetée par la langue du monstre, s'était déposée sur le petit tas de débris que les souris avaient laissé derrière elles et que Savonnette Faubert n'avait pas balayé. Là, au fond de la salle de cuisson, sous un placard adossé au mur, un nouveau foyer naquit.

Il couva et fuma, grésilla et s'enflamma. Les chiffons déchirés furent dévorés en quelques secondes, puis les flammes sautèrent vers le meuble et le rongèrent. Une fois à l'intérieur, elles y trouvèrent des bidons d'huile, des toiles imbibées de lubrifiant et des cordes graisseuses. Elles bondirent sur cette proie et le placard fut envahi par le feu, qui gagna ensuite le mur attenant. Une fumée noire alourdit l'air au point de couvrir peu à peu le parfum de la confiture. Le contremaître Mossman sentit qu'il se passait quelque chose ; Till, lui, le vit. Il était en train de boire un verre d'eau sur la plate-forme quand le premier filet de fumée arriva jusqu'à lui. Il baissa les yeux et s'aperçut que tout le coin de la salle était en flammes.

– Au feu ! hurla-t-il. Au feu ! Au feu !

Il descendit l'escalier en courant et alla tirer la cloche d'alarme qui était pendue devant le bureau du contremaître.

– Continue à sonner ! lui ordonna Mossman. Tout le monde dehors ! Tout de suite ! Mallebranche, va chercher le registre de présence ! Arrête tout, Colin, sors !

Till fut balayé par une marée humaine qui courait en hurlant et toussant, prise de panique. Tout le monde cherchait ses amis du regard ou se précipitait vers la porte. La fumée épaississait comme une soupe. Le feu faisait rage et se régalait maintenant de la réserve de charbon qui était restée sous les bassines n°s 2 et 3, ainsi que des chevrons en bois vernis et des sacs en toile de jute empilés dans la remise mitoyenne. Les machines explosèrent. Le plancher se voila. Le toit en métal commença à se déformer, mais Till sonnait toujours. Il ne s'arrêta que quand Plumeau le tira vers l'extérieur, et encore : il emporta la chaîne de la cloche avec lui. Il la serrait si fort qu'elle avait cédé sous le choc.

Dans la cour, Mossman faisait l'appel afin de s'assurer que tout le monde était sain et sauf. Till ne l'écoutait pas. Malgré le rugissement des flammes et le grognement des poutres, il entendait des aboiements. Faibles, mais…

– Monsieur Mossman ! Monsieur Mossman ! s'écria-t-il. Il y a Mlle Mousseline ! Elle est encore là-bas ! J'entends sa chienne !

À ces mots, les ouvriers poussèrent un cri de désespoir. Certains se mirent à pleurer, par affection pour Mlle Mousseline. Désemparé, Mossman se tourna vers le brasier. Pour une fois qu'il était face à une situation véritablement dramatique, son sens de l'initiative avait totalement disparu.

Savonnette Faubert vit paraître les patrons, à l'autre bout de la cour.

– Monsieur Dezinc junior ! cria-t-elle. Monsieur Dezinc senior ! Par ici !

– Tout va bien, Mossman ? demanda le vieux Dezinc en approchant clopin-clopant.

– Oh non, monsieur. Ce jeune garçon a cru entendre aboyer la chienne de Mlle Mousseline, dans le bâtiment.

Le vieil homme pâlit.

– Quelqu'un a-t-il vu Mousseline depuis le début de l'incendie ? demanda-t-il à la foule.

Pas de réponse.

– Quelqu'un a-t-il vu Mousseline depuis le début de l'incendie ?

Toujours rien. Dezinc senior vacilla. Si son fils n'avait pas été là pour le soutenir, il serait tombé comme un arbre abattu par un ouragan.

– Teck, souffla-t-il. Il faut la retrouver !

Dezinc junior se tourna vers le contremaître.

– Mossman, retournez à l'usine. Voyez si elle y est.

– Non.

– Qu'est-ce que vous dites ?

– J'ai dit non, répéta Mossman, avant de se tourner vers Plumeau Mallebranche pour ordonner : vérifiez que le portail est ouvert aux pompiers.

Dezinc junior tremblait d'émotion.

– Vous n'auriez pas dû sortir du bâtiment sans avoir vérifié que l'équipe était au complet. Ma sœur est coincée là-dedans, et c'est votre faute ! C'est à vous d'aller la chercher !

– Pas question, répliqua Mossman sans sourciller. Je suis chargé de mener l'équipe et d'organiser les roulements, et non de risquer ma vie pour sauver une gamine.

Dezinc junior faillit s'étrangler. Il serra le poing et BOUM ! Mossman tomba comme une mouche. Un filet de sang se mit à couler sous son nez.

– Misérable ! cracha Dezinc junior avec mépris. Si tu ne fiches pas le camp immédiatement, je te fais jeter au feu ! Et je te jure que je soufflerai dessus de toutes mes forces !

Mossman se releva tant bien que mal et essuya lentement la traînée de sang sur son visage. Il s'éloigna d'un pas mal assuré, entre deux rangées d'employés qui s'écartaient de lui comme d'un pestiféré.

Dezinc senior était au désespoir.

– Mousseline, murmurait-il. Ma jolie, mon trésor. Je… Je vais y aller moi-même !

– Non ! protesta son fils en le tirant vers lui. Pas question ! Reste ici, Papa. J'y vais.

Le jeune homme courut vers l'usine en ôtant sa veste. Mais soudain, les poutres cédèrent bruyamment et le toit s'effondra en une pluie d'étincelles et d'éclats de bois.

– Teck ! hurla Dezinc senior en se rapprochant de lui. Teck ! Reviens !

Teck Dezinc regardait l'usine qui s'effondrait, horrifié.

– Mousseline… Mousseline.

– C'est trop tard, mon petit ! dit le père en le prenant par le bras. Trop tard !

– Mais non ! Ce n'est pas possible ! J'y vais, je veux y aller !

– Non ! Non ! J'ai perdu ma fille ! Si je devais aussi perdre mon fils, je n'y survivrais pas !

Il secouait violemment Teck pour le forcer à l'écouter.

– Tu crois que c'est facile, de prononcer des phrases pareilles ? Hein ? Tu crois que c'est agréable ? Mon fils, regarde les choses en face. Tout est fini pour elle. Personne ne pourra entrer là-dedans.

– Si, moi, dit Till.

Les ouvriers s'étaient regroupés autour des deux patrons.

– Mais non, voyons ! répliqua Lampion en retenant son ami. Ce serait de la folie.

– Peut-être pas ! affirma Till en se libérant de son emprise. Elle était dans la remise E et ce coin-là du bâtiment est encore debout. Regardez !

Chacun put constater qu'il disait vrai. Les réserves tenaient bon, au milieu du feu. Plumeau Mallebranche intervint :

– Non ! Il ne faut pas y aller. C'est trop dangereux. Il peut arriver n'importe quoi, là-dedans.

– Pas à moi ! Je suis indestructible ! cria Till.

Il se libéra et disparut en courant dans la fumée.

Les ouvriers se tournèrent les uns vers les autres, bouche bée.

– A-t-il donc oublié qu'il était en bois ? s'écria Savonnette Faubert.

La question resta sans réponse, mais tout le monde pensait exactement comme elle.

Chapitre 22

Le bâtiment tenait encore debout, mais cela ne voulait pas dire qu'il était sans danger. Il était envahi d'une fumée inimaginable : les couloirs étaient saturés d'un nuage noir si épais qu'il semblait solide. Des flammèches vinrent lécher les chevilles de Till, qui courait toujours. Il toussotait, suffoquait, étouffait et crachait. Et avançait droit devant lui, sans rien voir, d'un pas maladroit et hasardeux. Le sol était couvert de poutres. Les murs crachaient des briques. La chaleur avait tout tordu, tout déformé, mais Till continua d'avancer.

Soudain, il aperçut une silhouette fantomatique qui lui faisait signe. Mousseline ! Telle une apparition dans l'ombre et la fumée, elle agitait le bras comme un saule sous le vent. Till vit qu'elle essayait d'appeler à l'aide, mais la fumée qui avait envahi ses poumons l'en empêchait. Elle recula et s'adossa à un cadre de porte en toussant et crachotant. Elle avait plaqué son écharpe sur sa bouche et, de l'autre main, serrait contre elle sa chienne inerte.

Till fonça. C'était le moment de mettre en pratique les capacités qu'il avait acquises en jouant à la course au taureau. Il balaya les tuyaux brisés et les tamis déchirés. Repoussa du pied les briques et les tuiles, rejoignit la jeune fille et la saisit à bras-le-corps. Il fit demi-tour et traversa une nouvelle fois l'usine qui tombait en miettes. Il parvint à en sortir et se trouva soudain ébloui par la lumière du soleil.

La foule hurla de joie et se précipita vers lui. Mousseline fut allongée au sol, aussi immobile que sa petite chienne.

– Mousseline ! cria Dezinc senior en la serrant dans ses bras. Mousseline !

– Reculez ! ordonna Dezinc junior. Mais reculez, nom de nom ! Tous ! Elle a besoin d'air ! Vous ne comprenez donc rien ? Reculez ! Mallebranche, dispersez-les !

Pendant qu'on réanimait Mousseline, Till fut laissé de côté. La foule se déplaçait comme un monstre à mille têtes. Tout le monde voulait voir, entendre, savoir ce qui se passait. Et soudain, alors que le désespoir s'installait, Mousseline toussa. Puis son corps se plia en deux, assailli par une toux de plus en plus violente. La chienne crachotait elle aussi et sursautait comme un poisson hors de l'eau.

D'une seule voix, l'assemblée poussa un cri de soulagement – un rugissement assourdissant qui fit tomber les dernières tuiles de l'usine et flotta au-dessus de la ville jusqu'au cœur des champs.

Puis vinrent les hurlements, sifflements, applaudissements, acclamations, bravos et vivats. Une clameur s'éleva peu à peu :

– Till Brindille ! Till Brindille ! Till Brindille ! Till Brindille !

Seule la voix de Savonnette Faubert criait autre chose :

– Tu as pris feu ! Ton petit doigt est en train de brûler !

Elle voyait juste. Ce doigt flambait comme une torche. Les flammes se régalaient de cette chair en bois. Les étincelles pétillaient comme des baguettes magiques. Capuchon Colin suppliait quelqu'un d'intervenir. Savonnette Faubert pleurnichait. La foule était horrifiée par cette nouvelle tragédie qui s'abattait sur le héros du jour.

Mais Till se contenta de sourire et de secouer la main bien fort pour éteindre les flammes.

– Tout va bien ! Je n'ai rien !

– Comment ça, tu n'as rien ? répliqua Savonnette en saisissant sa main pour l'examiner. Il te manque un doigt, oui !

L'assemblée se pencha en avant pour mieux voir. Elle disait vrai ! Le petit doigt gauche de Till s'était consumé. Il n'en restait pas même un moignon ; là où aurait dû se dresser l'auriculaire, il n'y avait qu'une tache fumante.

– Ce n'est pas grave ! martela Till. Je vous assure ! Ça m'est déjà arrivé. Même que c'était ma main tout entière ! Ça va repousser. Croyez-moi, ça va repousser. Regardez !

Il leva la main bien haut et tout le monde regarda. Attendit. Et regarda. Et attendit.

– Il ne se passe pas grand-chose, nota quelqu'un avec un brin de déception.

– Chut ! ordonna Lampion. Un peu de patience. Ça ne devrait pas tarder.

Il se trompait. Till scrutait sa main d'un regard intense. Mais son doigt ne repoussait pas. Et là, au beau milieu de la cour de l'usine, il fut saisi d'une peur aussi profonde que celle qui l'avait saisi dans la cour de récréation, quand il avait vu Biberon Martin étendu à ses pieds. Son estomac se noua, son cœur trembla. Il avait chaud, non, froid. Le vertige. La nausée. Ses jambes étaient des troncs d'arbres qui l'enracinaient au sol.

– Repousse ! murmura-t-il. Repousse.

Sans trop comprendre, ses collègues s'amassaient devant lui et le bousculaient. Ils attendaient un heureux dénouement qui ne venait pas.

– Allez ! grogna-t-il.

Il serra son poignet pour inciter son doigt à germer.

– Bon sang ! Repousse !

– Ça n'a pas d'importance, dit Lampion en lui prenant le bras. Ce n'est pas grave.

– Mais si, c'est important ! C'est important pour moi ! Tu ne vois pas ? Il ne repousse pas ! Mon doigt ne repousse pas ! Je croyais que j'étais indestructible ! C'est pour ça que j'ai volé au secours de Mlle Mousseline. Je pensais qu'aucun obstacle ne pourrait m'arrêter. Que rien ne pouvait me blesser, encore moins me tuer. Mais regarde ça !

Il secoua vivement sa main estropiée sous le nez de Lampion.

– Et toi, tu ne comprends pas ce que ça veut dire, évidemment ! Le feu peut me tuer. Me tuer. Alors que je me croyais indestructible…

Un grand cri de joie retentit soudain dans la foule. Les ouvriers n'écoutaient plus Till : ils s'étaient tournés vers Mousseline, que son père, très fier, avait aidée à se relever. Voilà qui les rendait heureux : enfin quelque chose qui finissait bien ! De plus, la presse était arrivée : un reporter et un illustrateur du *Quotidien de la Vérité* !

Le journaliste posait des questions à tout le monde en même temps et le dessinateur brandissait son carnet et son crayon pour faire le portrait de Mousseline et de sa chienne en moins de temps qu'il n'en faut pour se curer le nez.

Lampion avait compris que son ami était en état de choc, comme si l'incendie, la destruction de l'usine et son acte d'héroïsme ne pesaient rien face à cette horrible découverte. Il avait envie de l'emmener au dortoir, où il serait au calme.

– Le voilà ! Il est là ! Notre héros ! Till !

La foule se remit à scander tandis que la presse venait à la rencontre du héros du jour. Till fut mitraillé de questions :

– Comment tu t'appelles ? demanda un journaliste au nez protubérant et aux yeux gourmands. Qu'est-ce qui t'a décidé à braver l'incendie ? Tu connais bien Mlle Mousseline, on dirait ?

Till lui tourna le dos pour faire face à l'illustrateur.

– Qu'est-ce que vous faites ?

– Ton portrait. Pour l'instant, ce n'est qu'une esquisse.

– Il paraît que tu n'es pas d'ici. D'où viens-tu ? Tu es un provincial, c'est ça ?

Le journaliste revenait à la charge. Il n'était donc pas parti ? Till saisit le dessinateur par le col.

– Pourquoi me dessinez-vous ? Pourquoi ?

– Mais pour que tu passes dans le journal, tiens ! Tu es un héros, mon coco ! Quand ils auront lu ton histoire, les gens voudront savoir quelle tête tu as !

– Qui ça, les gens ? Jusqu'où ce journal est-il vendu ?

– Mais dans tout le pays, mon garçon ! Dans tout le pays ! Tu vas être célèbre !

Fuis.

– Alors il s'appelle comment, ton village ?

Fuis.

– Pourquoi tu n'habites plus là-bas ? Rien de grave, au moins ?

Fuis.

– On finira bien par le savoir, tu sais…

Sentant que son passé le rattrapait, Till fit volte-face et, laissant la foule derrière lui, il partit en courant.

Troisième partie

Chapitre 23

La pluie, la pluie, toujours la pluie. Les gouttes tombaient avec un petit bruit régulier et dansaient sur la crête rocailleuse, devant la grotte. Till remercia le sort d'avoir déclenché cette averse, car les traces qu'il avait pu laisser derrière lui avaient disparu. Si seulement elle avait pu effacer aussi tous ses souvenirs ! Mais c'était impossible. Les gens de Bourg-Dezinc n'oublieraient pas non plus. Pendant des années, ils parleraient de lui, que ce soit en avalant des tartines de confiture à la cantine de l'usine ou en dégustant des huîtres au champagne dans le manoir des Dezinc. On répéterait sans fin l'histoire du héros qui s'enfuit. De ce garçon qui avait quelque chose à cacher. Du bonhomme en bois.

Il se revoyait en train de bondir entre les ouvriers de l'usine et d'ouvrir le portail doré, malgré les protestations de Cabot. De traverser le bourg en courant. C'était jour de marché, et il avait choisi de passer par le centre-ville pour mieux semer ses poursuivants. Il s'était frayé un chemin parmi les passants, en veillant à ne pas trop attirer l'attention sur lui. Il avait glissé sur la tête d'un poisson, devant un étal. S'était cogné la jambe sur un tréteau en contournant un attroupement de fermières. Était tombé sur une cagette pleine de canards vivants et avait renversé le sac de sucre qu'un boulanger tenait dans ses bras. L'homme avait hurlé contre lui en agitant son poing blanchi par la farine.

Après avoir parcouru la grand-rue à toute allure, il avait quitté la ville et s'était étonné de la vitesse à laquelle on passait du gris au vert. Après le dernier lotissement de petits pavillons, il y avait encore une taverne et puis... plus rien. Rien que des champs maussades et des arbres squelettiques.

Il avait couru ainsi pendant trois jours et trois nuits. Pratiquement sans s'arrêter. Il s'était accordé quelques heures de sommeil dans une grange délabrée, mais son instinct animal le poussait à reprendre la fuite et l'empêchait de trouver le repos. Les kilomètres se confondaient tandis qu'il courait au pied des montagnes, derrière les fermes. La pluie avait commencé dès la première nuit, sous la forme d'un orage venu de l'ouest en tonnant. Les gouttes d'eau tombaient avec force et frappaient le sol au même rythme que ses pieds.

Il avait trouvé la grotte le quatrième jour. L'aurore, alourdie par la pluie, paraissait derrière la montagne. Des doigts de lumière touchaient les arbres, les rochers, les buissons. Till se hissait sur un éperon rocheux quand il avait aperçu l'entrée de la caverne. Elle était à dix bonnes minutes d'escalade, mais elle semblait prometteuse. À tout le moins, elle lui permettrait de se mettre à l'abri des précipitations.

Il y était monté tant bien que mal. Quand il avait atteint la grotte, il avait reniflé prudemment pour s'assurer qu'il n'y avait aucune odeur d'ours ou de loup. Mais non, cela ne sentait rien, et il comprit bientôt pourquoi : la cavité était minuscule. Contrairement à ce qu'il avait pensé, elle ne pénétrait pas profondément dans le flanc de la montagne. C'était un simple recoin. Pas plus grand qu'une cuisine, par exemple.

Rien qu'à cette idée, hop ! il fut soudain ramené chez ses parents. Il revoyait la table, dressée pour le déjeuner : assiettes, tasses et soucoupes, couteaux, fourchettes, cuillers. Quelque chose avait changé, mais il ne voyait pas quoi. Devant le poêle, Maman s'affairait à touiller le porridge, protégée par son vieux tablier à fleurs bleues. Quant à Papa, il passait la porte, les bras chargés de bûches, coiffé de son chapeau ruisselant de gouttes de pluie – il pleuvait là-bas aussi ! Till ne comprit pas ce qu'il disait. Soudain, Maman se retourna ; elle avait les yeux cernés et plus de rides que jamais. Tout comme Papa. Ils s'installèrent pour déjeuner et brusquement, Till comprit : la table n'était dressée que pour deux personnes. Son assiette n'était pas là.

Il sortit de la grotte et sa vision s'effaça. Il ne pleuvait plus. Sous un mince filet de soleil, un nuage de vapeur s'élevait en tournoyant, comme le souffle d'un dragon endormi. Il examina l'horizon et comprit qu'il avait parcouru une distance impressionnante. Fallait-il aller encore plus loin ? Il était trop fatigué pour réfléchir.

À contrecœur, il rentra dans l'obscurité aride de la grotte, se roula en boule et s'endormit. Cette fois, il trouva un sommeil profond et sans rêve. Il fut soulagé des douleurs et des raideurs qui avaient pris possession de son corps en bois.

Il dormit ainsi pendant une journée complète. Quand il s'éveilla, il pleuvait à nouveau.

CHAPITRE 24

TILL S'ASSIT SUR LA CRÊTE, DEVANT LA GROTTE. IL REPRIT une pomme sauvage dans le tas qui se trouvait à ses côtés et la mangea ; il croqua le trognon et avala les pépins. Son regard survolait la vallée comme un faucon. La pluie avait cessé, et laissé derrière elle une couche humide et luisante ; dans le ciel, un vol d'oies sauvages s'élevait… vers l'est ou vers l'ouest ? Il n'en savait rien, mais il mourait d'envie de se joindre à elles. Traverser la mer ! C'était la solution ! Trouver refuge sur une terre nouvelle, où il ne serait ni reconnu ni poursuivi pour meurtre. Voilà pourquoi les choses avaient mal tourné à l'usine : il n'était pas allé assez loin. Il se jura de ne pas refaire cette erreur.

« Si je descends vers la côte et que je la longe, je trouverai forcément un port. Je pourrais peut-être devenir moussaillon ? » Les navires ont toujours besoin de renouveler leur équipage, il l'avait appris à l'école. Il était fort et musclé, alors pourquoi pas ? Il n'exigerait pas d'être payé, mais simplement d'embarquer pour traverser l'océan. Il ne chercherait même pas à connaître la destination du navire.

Il y avait juste un petit problème. Où était la mer ? Un jour, il l'avait vue sur une carte et elle lui avait semblé très, très lointaine, au bout du monde. Même du sommet de la montagne, elle ne paraissait pas à l'horizon. Alors au moment de prendre la route, quelle direction faudrait-il choisir ?

Suivre les oies ! Elles y allaient certainement, elles ! Enfin, peut-être... Les oiseaux volent toujours vers un plan d'eau, c'est entendu, mais n'importe quelle eau leur convient. Till se souvenait que, dans son village, les oies allaient toujours vers le lac aux Loutres, qui n'était guère qu'un marais. Elles pouvaient fort bien le mener dans une mauvaise direction. Mais avait-il le choix ?

*

Till descendit vers le pied de la montagne, où il trouva une route. C'était une voie déserte et sinistre, mais apparemment sans danger. Elle menait certainement à un village. Ou à une ferme. Le cœur plein d'espoir, mais le ventre vide, il se remit en marche.

Pendant les premières heures, il avança d'un pas guilleret. Il sifflotait. Mais la journée s'éternisa, et il commença à peiner. Le chemin était plus long qu'il ne l'avait cru. Il s'étirait sur des kilomètres, à perte de vue, tournant et se faufilant entre deux chaînes de montagnes inhabitées. Perchés sur des rochers, des moutons décharnés regardaient Till, de leurs yeux jaunes aussi pâles que le paysage. Plusieurs fois, il passa devant les restes de ceux qui avaient échoué dans leur lutte pour survivre : la gueule brisée, ils étaient restés là où ils étaient tombés, sous le regard des corbeaux qui s'assemblaient autour d'eux comme un cortège funèbre. Quand Till s'approchait, les charognards ne s'envolaient pas. Ils le scrutaient de leurs yeux noirs comme du cirage et l'invitaient bruyamment à passer son chemin. Ce qu'il faisait.

Quand arriva le troisième jour, Till comprit que les deux flancs de la montagne cernaient peu à peu la vallée comme les pinces d'un crabe. Son cœur se serra.

– Je n'arrive pas à le croire ! dit-il tout fort, alors même que personne n'était là pour l'entendre. J'ai fait tout ce chemin pour découvrir que c'était un cul-de-sac !

Mais il tint bon en se répétant qu'il trouverait forcément une petite voie de passage. Ce fut le cas. Il l'aperçut d'un coup : devant lui, un chemin rocailleux montait en spirale et disparaissait dans le brouillard. Avec un peu de chance, il ferait plus clair au sommet. En y arrivant, Till verrait enfin l'horizon – et la mer.

Pris d'un sursaut d'énergie, il entama l'ascension. Il se précipita comme une araignée. Derrière lui, les pierres roulaient bruyamment jusqu'au pied de la montagne. Ses bras le hissaient. Ses poumons aspiraient avec vigueur. Il était presque arrivé.

Enfin, le chemin devint plus plat et la brume se dissipa. Till reprit son souffle et s'efforça de voir ce qu'il y avait devant lui. Mais il n'y avait rien. Rien qu'une cruelle déception. Il était sur un plateau : une immense arène cernée de pierres, à la fois stérile et glaciale. Ni arbres ni buissons, et pas la moindre perspective. Pour voir l'horizon, il fallait traverser le plateau et, à vue d'œil, cela prendrait une bonne journée de marche.

Till se mit à pleurer. Pour la première fois de sa vie, il sanglotait comme l'enfant qu'il était. Il s'effondra par terre, ses épaules se soulevèrent et de grosses larmes bleues roulèrent sur le bois de ses joues. Il ne tenta même pas de les essuyer. Il se contenta de les laisser tomber. Personne n'était là pour le voir. Et à cette idée, ses sanglots redoublèrent. Jamais il ne s'était senti si seul. Perdu. Petit. Sans amis.

Un désespoir glacial le couvrit comme une couche de neige et il resta figé au sol, sans plus d'espoir de connaître un avenir meilleur. Que lui restait-il ? Il avait passé des jours à marcher, torturé par la faim et la solitude, sans l'aide de quiconque. Personne ne l'avait encouragé, personne ne lui avait dit qu'il faisait ce qu'il fallait, personne ne l'avait soutenu en lui affirmant que tout finirait par s'arranger. Personne n'avait chanté pour le bercer ni ne l'avait salué d'un sourire, au réveil. Il n'avait pas vu âme qui vive depuis des jours – des semaines ? Combien de temps exactement ? Il n'en savait rien.

Il inspira profondément, reprit pied tant bien que mal et s'efforça de se calmer. « Il y a forcément quelque chose, ici. Quelqu'un. » Il s'essuya les yeux d'un revers de manche et regarda autour de lui. Mais non, toujours rien. Il fut pris d'une idée terrifiante. « Je suis peut-être le dernier être vivant ? Une catastrophe planétaire aurait-elle emporté tout le monde ? »

Rien que d'y penser, il se sentit vaciller. Il se mit à tanguer, déséquilibré. Il s'efforçait de réfléchir pour s'apaiser, mais tout ce qui lui venait, c'était de nouvelles questions. « Et si j'étais dans un autre monde ? Et si mon univers était sur l'autre flanc de la montagne ? C'est possible, après tout. Un glissement dans l'espace-temps. Et si je ne retrouvais jamais mon chemin ? »

Soudain, ses jambes cédèrent. Il s'effondra une fois de plus sur les rochers et se roula en boule. Il serra ses bras autour de ses genoux et se mit à gémir comme un animal blessé. Il avait lutté pendant des jours et des jours, mais cette fois, c'était fini. Il n'irait pas plus loin.

Il dut s'endormir car, quand il ouvrit les yeux, il faisait noir. Ce n'était pas une nuit franche et nette, mais brumeuse et floue. Le brouillard était si épais que Till ne voyait même pas son corps. Cette fois, même s'il l'avait voulu, il n'aurait pas pu se déplacer. Il était désespéré. Les monstres de la nuit gravitaient peut-être autour de lui sans qu'il s'en doute.

Il resta assis, tendant l'oreille pour percevoir le moindre signe de danger. Rien. Quelques minutes passèrent. La brume imprégnait peu à peu ses membres en bois. Il écouta encore. Toujours rien. Mais soudain… Il se raidit. Ce n'était pas un bruit à proprement parler. Plutôt un mouvement. Le sol tremblait. Il le sentait. Il fit tout son possible pour détecter le moindre son. Des battements sourds résonnaient au loin. Régulièrement, comme des pas. Et ils approchaient. De plus en plus.

Soudain, un nouveau bruit : le battement de son cœur affolé, comme s'il percevait que quelque chose venait. Les monstres l'avaient débusqué. De longs bras grisâtres se tendaient vers lui. Des bras sans mains. Ce n'étaient que des moignons. Ils tapotaient, tâtonnaient çà et là. Humides et poisseux, ils le frôlaient et le frottaient, tout en crachotant de la vapeur dans l'obscurité. Une tête apparut. Elle était énorme, avec un œil, un seul, planté au milieu. Ce grand œil l'examinait et une langue ruisselante pendait en dessous.

« Je vais mourir, pensa Till. Je vais mourir. Oh, Maman, pourvu que ce soit rapide. Sans douleur. Par pitié. » Mais la mort ne vint pas. Le grand éléphant gris souffla bruyamment pour dire qu'il avait reconnu celui qui se trouvait là, puis leva la tête et barrit comme une trompette. Ses compères le rejoignirent et soudain, le plateau trembla sous leurs mugissements de bienvenue et le tintement métallique des bracelets qu'ils portaient aux chevilles.

Till ouvrit les yeux et vit une lueur. Une petite tache de lumière flottait dans la brume : celle de la lanterne d'un attelage. Il perçut le frottement sourd des roues et une roulotte sortit des ténèbres. Des fleurs décoratives étaient peintes sur l'avant. À chaque coin, des pompons se balançaient, ruisselants d'eau de pluie. Le cocher, couvert d'un large canotier, avait remonté le col de son manteau pour s'abriter des gouttes. Près de lui, une jeune fille était assise, emmitouflée dans un long pardessus noir et coiffée d'un chapeau de cuir fatigué qui lui retombait sur les yeux. Ses tresses argentées pendaient mollement sur son cou.

C'était Candy.

Chapitre 25

C'est ainsi que Till fut sauvé par le cirque. Le charretier (qui n'était autre qu'Enclume Mâchefer, alias M. Muscle) tendit le bras et, d'un geste, il tira Till pour le déposer sur le banc, près de lui. C'est là que le malheureux passa le reste de la nuit, enroulé dans une couverture, tandis que le cirque Carmenero continuait son petit bonhomme de chemin.

Au lever du jour, la descente commença enfin. Devant lui, sur la plaine, Till aperçut Champommier, la prochaine étape de la tournée, encore endormie. Quand le convoi remonta la grand-rue, on ouvrit les rideaux, des visages gonflés de sommeil parurent aux fenêtres et des enfants pas encore débarbouillés coururent comme des lapins pour voir arriver les nouveaux venus.

Le cirque gagna lentement la place du village. Bientôt, les feux de camp scintillèrent et les bouilloires sifflèrent. Till était installé entre Candy et sa mère, Pêche. Apparemment, tout le monde se souvenait de lui. Les hommes lui donnaient de grandes tapes dans le dos en se disant heureux de le revoir. Les femmes, elles, l'embrassaient et lui tendaient des petits gâteaux à la cannelle, des galettes au sirop et du chocolat chaud. Rubis, la conteuse, lui donna des vêtements secs. Le grand Carmenero en personne vint lui serrer la main et lui demanda s'il avait besoin de quelque chose. Till répondit que non. Il avait en effet tout ce qu'il lui fallait, et plus encore.

Personne ne chercha à savoir comment il en était venu à vagabonder si loin de chez lui. Pas même Candy. Elle avait appris que le cirque n'est pas un lieu où l'on pose des questions. En revanche, elle avait envie de recevoir des nouvelles de son village.

– Till, dit-elle en lui frottant le bras avec impatience. Raconte-moi tout ce qui s'est passé là-bas.

D'un coup, hop ! Till eut l'impression de retourner au milieu de la cour de récréation.

– Tu n'es pas au courant ?

Il se demanda aussitôt comment il avait pu dire cela.

– Non ! Bien sûr que non ! Je n'y suis jamais retournée. Je meurs d'envie de tout savoir. Allez, raconte !

Alors Till obéit. Il ne lui parla pas de Biberon, non. Mais il énuméra les bébés qui étaient venus au monde et les anciens qui l'avaient quitté. Il lui relata la fête estivale, le pique-nique des villageois. Il lui résuma le drame de la veillée de la moisson, quand l'un des pétards du feu d'artifice était tombé dans la cheminée de Frimousse avant d'exploser, brisant ainsi tous les carreaux. Il lui raconta que le fermier Baliverne était tombé sur Gardon en flagrant délit de croquage de pommes dans son verger, et qu'il lui avait donné une telle raclée que Gardon avait juré de se venger. En effet, le soir venu, Gardon s'était faufilé dans la cidrerie et avait ouvert les tonneaux pour faire pipi dedans. La semaine suivante, Baliverne avait présenté son cidre au concours agricole et remporté le grand prix.

Candy riait, retenait son souffle, posait des questions et hochait la tête au fil des épisodes. Elle se régalait du moindre détail et Till prenait plaisir à jouer ainsi les conteurs. Quand elle le serra contre elle en lui disant qu'elle était contente de le revoir, il la crut. Elle avait changé.

Elle n'était plus cette petite pimbêche malveillante qui sillonnait la cour de l'école en crachant des insultes. C'était une autre Candy : chaleureuse, accueillante, d'une modestie surprenante. Elle n'attachait plus ses cheveux avec des rubans fantaisie. Elle avait hérité d'une vieille robe toute simple et décolorée, un peu miteuse, même si le corsage était orné de paillettes. De toute évidence, Candy adorait cette tenue. Pendant l'histoire de Gardon et des tonneaux de cidre, elle avait remonté sa jupe et l'avait serrée entre ses mains, au point de la froisser. À la fin de l'épisode, elle prit soin d'effacer les plis.

– Merci ! dit-elle avec un grand sourire. C'était merveilleux !

– Je ne t'ai pas raconté le meilleur, reprit Till, ravi. Tu as été rebaptisée.

– Non ! s'écria-t-elle d'une voix perçante. Qu'est-ce qu'ils ont inventé ?

– Candy Raton !

– Oh ! Qui est-ce qui a trouvé ça ? Papillon ?

Till hocha la tête.

– J'en étais sûre. Je le vois d'ici.

Elle afficha un sourire mélancolique.

– Je l'aimais bien, Papillon.

– Ah bon ? Ça alors ! On ne s'en doutait pas. Est-ce que le village te manque ?

– Il me semble, oui. Je n'y avais jamais vraiment pensé jusqu'à maintenant. Mais en écoutant tes histoires, là... Oui, j'ai un brin de nostalgie. Bien sûr, ce serait encore pire si ma mère ne m'avait pas rejointe, mais elle est là. Je n'ai pas envie de retourner au pays. Oh non ! Till, tu ne devineras jamais ce que je suis devenue !

Elle tenait sa jupe se balançait d'avant en arrière, tout excitée.

– Je suis... trapéziste !

Chapitre 26

L'équipe du cirque accueillait les nouveaux venus à bras ouverts, à condition qu'ils mettent la main à la pâte. Il n'était pas question de se tourner les pouces tandis que les autres travaillaient dur.

Le premier jour, juste après le petit déjeuner, Till fut chargé de participer au montage du chapiteau. Ensuite, on lui tendit une énorme brosse pour qu'il étrille les éléphants. Le dresseur, Avoine Lebuis (dont le nom de scène était Emeraldez), les avait menés à la rivière pour faire leur toilette. Quand il le rejoignit sur place, Till vit que ce petit homme fringant était déjà trempé jusqu'à l'os. Sa longue moustache noire pendait comme une queue de rat et ses cheveux, frisés et hérissés en tous sens, ruisselaient de gouttes d'une couleur suspecte.

– Ce n'est rien, ils sont de bonne humeur, voilà tout, s'excusa Emeraldez en serrant la main de Till. Ils me font le coup à chaque fois. Pas vrai, les amis, que vous êtes des coquins ? Des coquins, oui, de sacrés petits coquins !

Il tira l'une des immenses oreilles qui battaient près de lui, et l'éléphant lui répondit en hissant sa trompe pour l'asperger en pleine figure.

Till passa la matinée à faire le cornac. Après leur long voyage en montagne, les bêtes étaient crottées jusque dans le moindre repli, le moindre bourrelet. Emeraldez tenait à ce qu'elles soient d'une propreté irréprochable pour la soirée d'ouverture. Il faudrait donc passer des heures à se casser le dos, mais Till ne se laissa pas décourager. Ses jambes s'alourdirent à mesure qu'elles s'imprégnaient de l'eau de la rivière. Quand la tâche fut enfin achevée, il rentra au camp en traînant les pieds. Mais il avait envie de danser. Désormais, il était membre du cirque à part entière.

*

La première semaine fut un festival de sciure et d'étincelles. Le matin, Till allait à la corvée en sifflotant. Le soir, il se laissait emporter par la magie du spectacle. Et la nuit… il dormait. Les cauchemars s'étaient dissipés. Parfois, le souvenir de Biberon Martin et de Mousseline Dezinc lui revenait et il se demandait pourquoi le bonheur d'avoir sauvé une vie n'avait pas soulagé sa douleur d'en avoir pris une autre. Cela n'avait pas de sens. Mais, la plupart du temps, il était trop occupé pour y penser. Il apprit à cirer les selles des chevaux et à panser les bêtes. À repeindre les remorques et à repriser les filets. À faire des nœuds et à replier une tente. Il s'entendait murmurer : « C'est fantastique ! » à longueur de temps. Chaque nouvelle expérience était un véritable plaisir.

Il eut ensuite à travailler avec les moufettes.

Till était allé trouver le dresseur à la pompe à eau. C'était un homme revêche, un véritable ours aux cheveux grisonnants et aux yeux ronds comme des billes. Il s'appelait Samovar Rubek et venait d'un pays lointain au nom imprononçable. D'après lui, on n'y trouvait que des choses imposantes : les arbres étaient énormes ; les plaines, infinies ; les montagnes, vertigineuses ; les gens, immenses – il était là pour le prouver. Chez lui, tout était colossal. Sa roulotte était la plus spacieuse de toutes. Ses bottes auraient pu servir de niche à un bouledogue. Ses mains avaient le volume d'un seau. Il envahissait l'espace autour de lui pour y verser une étonnante soupe de mots et d'éclats de rire. Quand il parlait, sa voix grondante montait de son ventre et vibrait si fort que Till en était venu à imaginer qu'un essaim d'abeilles logeait dans sa cage thoracique.

– C'est toi qui aides à moi, aujourd'hui ? C'est parfait ! Parrrfait !

Il accueillit Till avec une vigoureuse tape dans le dos, qui vibra jusque dans les jambes du garçon.

– Mes bébés sont sous la tente. Je prends eau, et nous irons.

Rubek actionna la pompe énergiquement et un torrent gicla dans son seau, à ses pieds. Et quel seau ! Il était phénoménal, au moins deux fois plus volumineux qu'un modèle ordinaire. L'homme en souleva ensuite un autre, déjà plein, et mena Till jusqu'à sa roulotte. Il y avait, tout contre, une tente fantaisiste, dont les rayures noires et blanches évoquaient les bêtes qui s'y trouvaient. Till passa devant lui pour soulever le rabat de la toile. Rubek entra avec les seaux, bientôt suivi de son nouvel assistant.

Ce que Till nota en premier, ce fut l'odeur. Un parfum de rose mêlé de musc, qui se conjuguait à celui de la litière, plus doux, pour produire un effet chaleureux et accueillant. C'était divin. Il y avait dix moufettes. Deux d'entre elles reniflaient le sol, mais les autres dormaient, roulées en boule sur leurs petits lits surélevés. On entendait une légère vibration en bruit de fond : les bêtes endormies ronronnaient comme des chats. Submergé par ce ronronnement et ce parfum enivrant, Till fut pris d'une fatigue irrésistible. Il sentait ses paupières s'alourdir. Il bâilla une fois, et une fois encore quelques secondes plus tard.

D'un doigt dodu, Rubek lui donna un petit coup.

– Tu es fatigué ?

– Non. Enfin, peut-être un peu. Je n'arrête pas de bâiller.

– Tu vas t'habituder. Ouvre le rabat de la tente. L'air fera du bien à toi.

Till obéit et se sentit tout de suite plus lucide. Il regarda les bêtes avec admiration. Elles portaient toutes un manteau noir luisant, orné d'une bande blanche bien caractéristique le long du dos, du museau au bout de la queue.

– Mes bébés, annonça Rubek fièrement. Tu as vu créatures aussi belles, déjà ? Non ! Bien sûr que non ! Les plus belles bêtes du monde, elles sont. Voici Chèvrefeuille... Et Rose... Lavande... Muguet... Violette... Magnolia... Daphné... Lilas... Camélia... et Jasmin. Il faut les brosser. Tous les jours !

Il souleva une moufette et la caressa avec affection.

– Son poil doit briller. Autant comme lune blanche dans ciel noir, oui ? Très joli.

Il déposa un baiser sur le museau de l'animal, qui émit un petit rire. Till avait du mal à y croire ; pourtant, il avait bien entendu. Rubek reposa la bête dans l'enclos et fit quelques pas jusqu'à un joli coffre en bois, à l'autre bout de la tente. Il souleva le couvercle.

– Viens ! dit-il en faisant signe à Till. Regarde ! Les meilleures brosses ! Elles sont en...

– En piquants de hérisson ! s'écria Till.

Il saisit l'une d'elles pour l'examiner.

– Hérisson des marais aux oreilles brunes, constata-t-il. De la bonne qualité.

– Toi spécialiste ! s'exclama Rubek en lui donnant une nouvelle tape dans le dos. Comment tu sais ?

Till ne répondit pas. Il était soudain envahi de souvenirs. Il revoyait l'élevage, les hommes assemblés dans la cour. Le vieux Coquemar Guillaumin, Pavé Lamalle, Molleterre le fermier – ils étaient tous là. Il y avait aussi les remises, les animaux dans leurs cages. Ainsi que Picote. Non pas en cage, elle, mais dans la forêt, comme lors de leur dernière rencontre.

– Ouh-hou ! demanda Rubek en agitant la main devant le visage de Till. Tu es là, toujours ?

Till le regarda d'un air rêveur. Il ne dit rien, ce n'était pas nécessaire. Son visage en disait assez long pour que Rubek comprenne.

D'un grand sourire, celui-ci dévoila son impressionnante collection de dents.

– Tu as souvenirs de quelque chose, oui ? Bons souvenirs, je vois. Garde-les, surtout. Bien serrés dans ton cœur. C'est précieux.

Il resta un moment silencieux.

– J'ai beaucoup souvenirs, moi, reprit-il, les yeux brillants de larmes.

Il se tut une nouvelle fois, mais ce n'était plus à cause de l'embarras. C'était un silence complice, qui réconforta Till.

– Mes bébés, soupira-t-il enfin. Brosser. Elles aiment bien, mais toujours il faut choisir le crin pas trop dur. Et jamais soulever leur queue. Elles n'aiment pas du tout.

Il tira une nouvelle brosse de son coffre et la tendit à Till.

– Essaye sur Muguet.

Il montrait du doigt une petite bête qui grattait le sol.

– Je vais voir Carmenero pour parler choses importantes. Mais je reviens, après. Pas trop fort, tu te souviens ?

Till hocha la tête.

– Bon garçon, dit Rubek, et il sortit de la tente d'un pas pesant.

Chapitre 27

Till attendit d'être sûr que Rubek se soit éloigné pour sortir délicatement Muguet de sa cage et la poser sur ses genoux afin de commencer à la brosser. Elle semblait assez contente et, quelques minutes plus tard, son pelage soyeux et doux rayonnait. Till la remit à sa place et prit Lilas. Elle était adorable. Alors qu'il la tenait dans ses bras, elle se blottit contre lui. Il ne fallut pas longtemps pour qu'elle devienne elle aussi lisse et duveteuse. Ce fut ensuite le tour de Camélia, puis de Lavande et de Magnolia. Rose. Jasmin. Chèvrefeuille. Et Daphné. « Plus qu'une ! se dit-il. Rubek sera très impressionné. Le temps qu'il revienne, j'aurai terminé ! »

C'était le tour de Violette. Till eut du mal à la trouver. Elle se roulait dans la poussière crayeuse sous l'un des lits surélevés et, quand il parvint enfin à la saisir, elle était toute blanche. Till ronchonna et la posa sur ses genoux. Il se mit à la tâche, mais elle s'était si bien emmêlé les poils que les dents de la brosse ne pouvaient que sauter sur les nœuds. Il lui fallait un outil plus efficace.

Till fouilla dans le coffre et en tira une brosse plus raide. Violette attendit patiemment qu'il démêle délicatement sa fourrure. Mais c'était long, très long. Il tenait à finir avant le retour de Rubek. Il se mit à brosser plus fort. Il tira. À petits coups secs. Il traînait la brosse tout le long du poil fatigué de Violette, qui affichait un calme troublant. Elle s'était aplatie sur les genoux de Till, mais il ne l'avait pas remarqué. Il était trop concentré sur son ouvrage.

Avec un grognement et une grimace, il défit le dernier nœud qui restait sur le dos de Violette. Enfin, il attaqua la queue. Quel fouillis ! On aurait dit une pelote de laine après le passage d'un chaton. Till ne savait pas par quel bout commencer. Ce serait peut-être plus facile par-dessous.

Il souleva la queue de Violette et psss ! une douche chaude et parfumée l'atteignit en pleine figure. Cela n'avait rien du parfum de rose doux et léger dont on aspergeait le public chaque soir. C'était une pâte brune, visqueuse et chaude, d'une odeur assez violente pour faire fuir une chaussette sale. Une puanteur inimaginable. Carrément diabolique. Till sentit son estomac se retourner et les larmes lui montèrent aux yeux.

« Sortir. Je veux sortir. »

Alors qu'il remettait le petit monstre dans sa cage, il l'entendit ricaner doucement. Il chancela jusqu'à la sortie de la tente, les cheveux ruisselants de liquide malodorant ; soudain, toutes les moufettes se tournèrent, dressèrent leur jolie petite queue et psss ! la tente fut envahie d'un éventail de sécrétions nauséabondes. Les vêtements de Till furent imprégnés et, bien pire, son bois aussi. Il s'imbibait comme une éponge.

Il se disait que les choses ne pouvaient pas empirer quand il vit paraître, à l'entrée de la tente, Rubek… et Carmenero.

– Non !

Il les bouscula pour s'enfuir, traversa le campement en courant, sauta par-dessus la clôture et fonça jusqu'à la rivière. Là, il bondit dans l'eau et s'allongea dans les bas-fonds en espérant que le courant emporte l'odeur avec lui. Mais ce ne fut pas le cas. Au bout d'une heure, elle était plus puissante que jamais. Till geignit. De grosses larmes roulaient sur ses joues.

– C'est très mauvais parfum, oui ?

Till leva les yeux. Rubek était assis sur la berge. Un petit sourire au coin des lèvres. Ses yeux de marbre brillaient avec malice et, malgré son volume imposant, il ressemblait soudain à un petit garçon pas plus âgé que Gardon.

– Est-ce que ça va se dissiper ? demanda Till.

– Bien sûr. Avec le temps.

– Il faut longtemps ?

Rubek haussa les épaules.

– Deux bonnes semaines. Peut-être trois.

Till sentit son visage s'émietter comme du pain rassis.

– Sauf...

Rubek fouilla dans la poche de son imperméable et en sortit un flacon de liquide violet.

– Sauf si on utilise ceci !

Il sourit et écarta les bras.

– Viens ici ! Viens ! Tu vas tartiner ta... ta peau ! Ta peau en bois ! Allez ! Tout de suite !

Till remonta sur la rive, ôta ses vêtements et commença à s'enduire d'un liquide qui diffusait une curieuse odeur douceâtre. Cela lui rappelait quelque chose, mais quoi ? En tout cas, c'était efficace. Quelques minutes plus tard, la puanteur n'était plus qu'un vilain souvenir. Il enfila les vêtements secs que Rubek avait apportés et s'assit sur une tache de soleil auprès de lui. Il se sentait propre et calme, merveilleusement parfumé.

– Je connais cette odeur, dit-il enfin. Mais je ne vois pas ce que c'est.

– C'est recette magique, expliqua Rubek. Bon pour beaucoup de choses. C'est fait avec herbes et fleurs. Sauge. Romarin. Camomille. Églantine.

– Oui, je reconnais bien tout ça. Mais il y a autre chose.

Il inspira profondément.

– Un parfum sucré. Mais très puissant. De quoi s'agit-il ?

– Oh, ça ? Eh bien, mon ami, c'est parfum d'une toute petite fleur des bois. Tu la connais bien, je crois. C'est la violette...

Chapitre 28

Till était en train de nettoyer la cage du lion lorsque Candy le rejoignit en marchant sur les mains. Elle serrait entre ses dents un morceau de papier froissé.

– C'est pour toi ! souffla-t-elle en se remettant sur pied. C'est Carmenero en personne qui me l'a confié. Il veut te voir à deux heures, dans sa roulotte. On peut dire que tu as de la chance !

Till lut le message, mais il fut déçu de n'y rien trouver de plus.

– Pourquoi dis-tu que j'ai de la chance ?

– Eh bien, déjà, tu vas pouvoir admirer ce qu'il y a dans sa fantastique remorque. Et quand il offre une tasse de thé, il sert aussi les meilleurs gâteaux du monde. Enfin...

Elle se tut pour ménager ses effets....

– S'il a décidé de t'offrir un poste, tu seras riche !

– Riche ?

– Oui ! Enfin, non. Pas vraiment. Ça, c'est moi qui l'invente. Personne ne gagne une fortune, parmi nous. Mais enfin, tu auras quelque chose.

– Mais qui te dit qu'il a l'intention de m'embaucher ? protesta Till. Il veut peut-être me renvoyer, tout simplement.

– Ce serait étonnant. Tu sors de l'ordinaire, tu ne trouves pas ?

Elle sourit et, pour la première fois, il remarqua que sa bouche s'incurvait vers le haut, prenant la forme d'une harpe. Sans prévenir, elle fit un salto arrière et s'éloigna d'un bond.

– Ne sois pas en retard ! cria-t-elle par-dessus son épaule.

Till la suivit du regard. Alors qu'elle passait devant la baraque où l'on vendait les tickets, Gaze surgit et lui sauta dessus. Candy poussa un cri de surprise avant d'éclater de rire, et elles s'éloignèrent ensemble, bras dessus, bras dessous, se faufilant comme des libellules entre les membres de l'équipe qui étaient à l'ouvrage.

« Pourvu que ce soit pour me donner du travail... »

Till rangea soigneusement le petit mot dans sa poche.

*

La roulotte de Carmenero était en bois, comme toutes les autres, mais les fenêtres et la porte étaient bordées de riches motifs gravés. Elle était peinte en bleu nuit et le toit en dôme était parsemé d'étoiles argentées. À l'extérieur, une énorme chienne noire somnolait sous le soleil de printemps, la tête posée sur la première marche de l'escalier.

Till monta prudemment, s'efforçant de ne pas la déranger. Mais elle s'éveilla en sursaut et lui renifla les jambes alors qu'il frappait à la porte. Une main en bois qui tape une porte en bois... Les coups résonnèrent comme des coups de fusil et la roulotte vacilla. Till jura. Cela commençait mal.

Mais quand il ouvrit, Carmenero était tout sourire.

– Entre ! dit-il. Tant que la porte résiste, franchis-la donc ! Couchée, Lady.

La chienne remua la queue et Till entra. Candy avait dit vrai ! Le décor était fantastique. Les sièges et les placards, plaqués de chêne, étaient astiqués avec amour. Les coussins des fauteuils étaient en velours vert mousse brodé de minuscules primevères. Le tapis, épais et somptueux, était vert lui aussi, comme l'orée d'une prairie. Quant au plafond... Oh ! Till crut un instant qu'il n'y en avait pas. Il était peint si astucieusement que l'on aurait juré voir le ciel. Le soleil se couchait sur un arrière-plan orange teinté de rose, voilé de quelques volutes de nuages.

Mais, quand Till vit les murs, ce plafond lui-même lui sembla très ordinaire. De même qu'il avait cru un instant que la roulotte n'avait pas de toit, il pensa soudain qu'elle n'avait pas de murs. Le campement avait disparu. Il n'y avait plus que le cœur d'une forêt d'émeraude. Un dôme de verdure adoucissait les rayons du soleil et, du fond des sous-bois, des tigres observaient Till d'un regard perçant. Des serpents pendaient aux branchages. Des papillons bariolés se régalaient du pollen des fleurs. Des oiseaux-mouches voletaient çà et là pour aspirer du nectar. Le tout était d'un réalisme si convaincant que Till aurait juré sentir un parfum de terre humide.

Il sursauta en reprenant ses esprits : il était dans la roulotte de Carmenero. Pétrifié, la bouche ouverte comme un poisson rouge, il tournait le dos à l'homme le plus important du monde. La fresque l'avait si vivement impressionné qu'il en avait perdu tout soupçon de politesse, alors qu'il aurait dû, au contraire, faire montre de bonnes manières.

– Oh ! Je… Oh là là ! Je suis désolé, euh… monsieur Carmenero, bafouilla-t-il. J'avais complètement oublié où j'étais. Je croyais que c'était pour de vrai.

– Qui te dit que ce n'est pas le cas ? demanda Carmenero avec un petit sourire énigmatique. Regarde de plus près.

Till examina une nouvelle fois les murs. Il remarqua un perroquet perché sur l'un des arbres. L'oiseau le regardait droit dans les yeux et soudain, il lui adressa un clin d'œil.

Till était stupéfait. Qu'est-ce que… Le perroquet fit un nouveau clin d'œil. Et encore. C'était toujours le même mouvement, à la fois malicieux et paresseux. Till, déboussolé, ne savait plus quoi penser. Au début, il avait cru voir une fresque paysagère, mais maintenant…

Il y avait quand même quelque chose qui clochait. Carmenero se tenait près de lui, mais de temps en temps, Till le voyait, du coin de l'œil, se pencher à peine sur le côté. Et, à chaque fois, le perroquet battait des cils.

– Il y a un truc ! s'écria-t-il en faisant volte-face. C'est vous qui faites ça !

– Bien vu ! s'esclaffa Carmenero. C'est une illusion d'optique. Regarde donc !

Il s'écarta pour révéler une lanterne pendue au mur, derrière lui.

– Quand je me penche comme ceci, je fais de l'ombre, et quand je me redresse, le perroquet semble faire un clin d'œil. C'est très simple, mais tout le monde tombe dans le panneau. Tu as vite compris, toi ! Certains ont mis des heures à saisir l'astuce, mais bon, il faut dire que la vérité est un escargot.

– Un escargot ? demanda Till, intrigué.

– *La Vérité et le Dragon*, ça ne te dit rien ?

Till secoua la tête.

– Tu demanderas à Rubis. C'est notre meilleure conteuse.

Il s'assit sur l'un de ses fauteuils gainés de fourrure et invita Till à faire de même. Face à ce grand personnage, le jeune garçon se rendit compte qu'il ne l'avait jamais vraiment dévisagé. Jusqu'alors, il s'était contenté d'impressions toutes faites : Carmenero, c'était Monsieur Loyal, avec son talent d'homme de piste et sa voix dynamique. C'était le chef d'équipe, qui retroussait ses manches et allait s'échiner avec ses hommes pour assembler le palais des Étoiles. C'était le séducteur, qui faisait des compliments aux jeunes filles de la troupe jusqu'à les faire rougir. C'était le consolateur, qui rassurait tranquillement ceux qui en avaient besoin. C'était le patron, qui rugissait contre ceux qui osaient ménager leurs efforts, que ce soit sur la piste ou en coulisses. C'était le solitaire, qui flânait dans les champs au lever du jour, accompagné de son chien. C'était l'âme même du cirque, que le groupe respectait et que le public plébiscitait.

Carmenero était littéralement adulé. Les filles du cirque parlaient de lui comme d'un dieu. C'est pourquoi Till fut surpris de constater qu'il n'avait, physiquement, rien de divin. Il était beau, certes, mais non parfait. Il n'était pas aussi grand ni musclé que bien d'autres membres de l'équipe. Il y avait autre chose. Et c'est cette chose-là qui décida Till à se jurer que, s'il devait un jour ressembler à quelqu'un, il choisirait de ressembler à Carmenero. C'était tout simplement un homme juste et bon, cela se lisait sur son visage. Il était beau à l'intérieur.

– Tu dois te demander pourquoi je t'ai fait venir, commença-t-il.

Till hocha simplement la tête. Il avait la gorge trop sèche pour parler.

– Dis-moi, mon garçon, es-tu heureux ici ?

Till opina plus vigoureusement. Carmenero sourit.

– Tant mieux, car je voudrais te proposer un emploi.

– Oh ! s'écria Till, soudain soulagé. Merci, monsieur Carmenero. J'étais inquiet, vous ne pouvez pas savoir. Je ne vous décevrai pas, monsieur. Je suis très fort, et très gentil avec les animaux. Je veux bien curer les box ou faire un travail dans ce genre.

– Parfait, notre dresseur de moufettes a justement besoin d'un assistant !

Un lourd silence envahit la roulotte. Till n'entendait plus que les battements affolés de son cœur. Carmenero le regardait d'un drôle d'air.

– Je vous remercie, monsieur, murmura Till d'une toute petite voix. Vous ne serez pas déçu…

Il se leva et se dirigea vers la porte, mais le patron s'était déjà levé pour lui bloquer le passage.

– Tu as vraiment envie de rester parmi nous, n'est-ce pas ?

Till le regarda droit dans les yeux, et Carmenero se dit qu'il n'avait jamais vu une telle expression de désespoir.

– C'est tant mieux, reprit-il, parce que j'ai de grands projets avec toi. Qui n'impliquent pas la moindre moufette.

Avec un sourire espiègle, Carmenero prit Till par les épaules.

– Rassieds-toi ! Il faut qu'on parle, tous les deux.

Till obéit, pris de vertige. Carmenero rassembla ses idées et commença :

– Bon... Tu es bien trop original pour rester en coulisses. Ce serait du gâchis de talent, purement et simplement. Tu es unique au monde. Le jour où tu as assisté à notre spectacle, à Pompedouve, il y avait Météore, tu te souviens ?

– Vous voulez parler de l'homme-catapulte ?

– Exactement ! Eh bien, il nous a quittés et je te propose de le remplacer. Je voudrais que tu sois notre nouveau boulet de canon ! Il nous manque un numéro. Quelque chose qui déplace des foules. Je lancerais une grande campagne publicitaire. Des affiches, ce genre de chose. Ton visage serait placardé partout ! Tu deviendrais une vedette ! Évidemment, pour mettre au point un bon numéro, il faudra un certain temps. Nous devrons aussi renforcer le filet de sécurité. Je ne voudrais pas que tu passes à travers tous les soirs. Imagine un peu les échardes ! Il y aurait de quoi tuer tout le premier rang !

Il sourit d'un air rassurant et reprit :

– Pêche te coudra un costume. Tu pourrais faire ta première d'ici... disons, deux semaines. Qu'est-ce que tu en penses ?

Till ne bougeait plus. Il réfléchissait.

– Si vous n'y voyez pas d'inconvénient, monsieur Carmenero, j'aimerais mieux travailler en coulisses.

Carmenero inspira profondément. Ces quelques mots en disaient plus que des heures de conversation. Till voulait resté caché. Il n'était pas le seul ; Carmenero avait déjà reçu, dans cette même roulotte, une bonne demi-douzaine de personnes qui avaient prononcé cette phrase-là. Ils finissaient sous le chapiteau, à repriser les filets et balayer la sciure. Aucun d'entre eux ne faisait de numéro. Parfois, dans certaines villes, ils allaient jusqu'à fuir le public. Ils se tenaient en retrait, dans la pénombre, jusqu'à ce que la troupe reprenne la route.

Si Till n'avait été qu'un fugitif comme les autres, Carmenero ne se serait pas opposé à ce qu'il travaille sans entrer en piste. Mais il était différent. Hors du commun, même, et le cirque avait bel et bien besoin d'un nouveau numéro. Tandis que Till, mal à l'aise, se trémoussait sur son siège en regardant le tapis, Carmenero réfléchit intensément.

– Tu pourrais porter un masque, dit-il enfin.

Till leva la tête.

– Un masque ?

– Mais oui, un masque. Pas un simple loup qui cache seulement les yeux, non, une sorte de cagoule qui couvrirait ta tête tout entière. Avec juste des trous pour les yeux. Personne ne te verrait, ainsi.

Till pesa le pour et le contre. Ce n'était pas si bête. Ainsi, il pourrait entrer en piste. En piste ! Comme Candy. Il se tiendrait sous les lumières, accompagné des flonflons de l'orchestre, adulé par les spectateurs. Son rêve se réaliserait.

– Qu'est-ce que tu en dis ? reprit Carmenero de son petit air charmeur qui faisait flancher tant de monde. C'est d'accord ?

Till afficha un large sourire.

– Oui, dit-il. C'est d'accord.

Chapitre 29

Le costume de Till était fantastique. Tout le monde le disait. Pêche était ravie de ce succès. Dès l'instant où elle en avait dessiné le croquis, elle avait su que cela donnerait quelque chose d'exceptionnel. Elle avait coupé le cuir blanc sous le regard d'un troupeau d'enfants assemblés autour de la porte ouverte de sa roulotte. Elle avait cousu les diamants fantaisie devant Candy et Gaze qui en bavaient d'envie. Enfin, elle avait pendu le costume achevé tandis que Till l'admirait, les larmes aux yeux.

Quand il l'étrenna, tout le monde s'accorda pour dire qu'elle n'avait jamais rien fait d'aussi beau. Elle était ravie. Car elle en était restée elle-même convaincue, tout au long de son travail.

Carmenero était particulièrement satisfait. Il faisait virevolter Till pour observer le moindre détail sous tous les angles.

– Merveilleux, dit-il. Tout simplement merveilleux.

Till lui sourit et Carmenero lut dans son regard une joie immense. C'était d'ailleurs à peu près tout ce qu'il pouvait voir : Till était couvert de la tête aux pieds. Son visage était derrière un masque en cuir moulant. Son corps était serré sous une combinaison. Des gants assortis cachaient ses mains. Ses pieds étaient chaussés de bottillons. Bref, Pêche avait suivi à la lettre les recommandations de son chef.

Cela faisait deux semaines que Till avait accepté d'entrer en piste. Il avait eu le temps de répéter son numéro, mais il n'était pas sûr de lui, loin de là. Il avait eu trop à faire. Après plusieurs jours de déplacement vers une nouvelle ville, l'équipe avait dû remonter le chapiteau. Lui-même avait été chargé de diverses corvées pendant et après le trajet. De plus, il ne pouvait pas s'entraîner sous le chapiteau pendant les représentations ni quand il y avait des animaux sur la piste : le bruit du canon les terrorisait. En tout et pour tout, il n'avait fait que deux essais d'envol à la catapulte.

En revanche, il avait passé un certain temps avec Gaze. Elle lui avait appris à se tenir devant le public, à « occuper la piste », comme elle disait. Du bout d'un bâton, elle traça un jour une ligne dans la sciure et demanda à Till d'imaginer que c'étaient les rideaux de l'entrée de l'arène. Elle le fit aller et venir, aller et venir, aller et venir… en l'abreuvant de conseils.

– Tiens-toi droit ! grondait-elle. Redresse la tête ! Regarde devant toi. Non, tu ne marches pas bien ! Recommence !

Till recommença.

– C'est mieux ! Mais n'oublie pas de sourire.

– De sourire ? demanda Till, figé sur place. Mais je porterai mon masque. Le public ne saura pas si je souris ou non, voyons !

– Mais toi, tu le sauras, répliqua Gaze, les poings sur les hanches. Et ça, les gens le sentent très bien. Ne discute pas, tu veux ? Obéis.

Till franchit une fois de plus la ligne, mais en souriant. Il constata avec stupéfaction que cela changeait tout. Il se sentait plus sûr de lui. Il maîtrisait la situation.

– Ça marche ! s'exclama-t-il. Ça marche du tonnerre !

– Évidemment que ça marche, espèce de tête de pioche ! Je sais de quoi je parle, tu sais. Je suis du métier !

Elle lui adressa son plus joli sourire avant d'effectuer un spectaculaire enchaînement de sauts et de cabrioles sur toute la piste. Elle se retourna pour conclure :

– N'oublie pas : tu n'es pas un clown. Tu fais un numéro de casse-cou. Il faut que tu affiches un air majestueux. Comme un roi. Comme Carmenero. Soigne tes effets, Till, toujours tes effets. Comme ceci.

La jeune fille passa derrière les rideaux de velours. Quand elle revint, elle s'était transformée en impératrice. D'une main dressée, elle remercia de leurs applaudissements les spectateurs de gauche… puis ceux de droite… ceux de devant… sans remarquer que Carmenero se faufilait derrière elle. Un doigt sur la bouche, celui-ci fit un clin d'œil à Till et observa Gaze.

– C'est comme ça qu'il faut faire, dit-elle enfin. Tu dois régner en maître.

– Comme Carmenero, ajouta Till.

– Comme Carmenero. Il faut être fier sans être arrogant. Fort sans être intimidant. Quand on est beau, c'est plus facile. C'est pour ça qu'on a décidé de te mettre un sac sur la tête, à toi.

– Tu trouves que Carmenero est bel homme ?

– Ça va sans dire. Il est d'une beauté… bouleversante. Il est…

Sa voix s'évanouit et elle leva les yeux vers le trapèze, comme si elle espérait y lire les mots qu'elle cherchait.

– Il est… parfait. C'est le plus… le plus beau de tous les hommes.

Elle se mordit la lèvre en souriant comme une midinette.

– Je suis sûr qu'il est flatté de te l'entendre dire, conclut Till en levant le menton.

Gaze tourna la tête, poussa un petit cri, se remit face à Till et plaqua une main sur sa bouche en rougissant, le tout en moins d'une seconde. C'était impressionnant.

– Espèce de canaille ! siffla-t-elle à son élève.

Elle partit en courant. Tout sourire, Carmenero vint s'asseoir près de Till et lui demanda :

– Tu es prêt pour ce soir ?

Till hocha la tête.

– Tout va bien se passer. Surtout après avoir reçu l'aide précieuse de mon… admiratrice, précisa le chef avec un sourire. Si quelque chose t'inquiète, s'il y a le moindre petit souci, viens m'en parler. Tu sais où me trouver.

Il lui passa un bras par-dessus l'épaule et le serra contre lui. Pendant une seconde ou deux, pas plus. Il se leva et s'éloigna.

Till le regarda partir, un peu hébété. Tout était allé si vite. De manière si inattendue. Ce n'était qu'un geste affectueux, voilà tout. Mais pendant un petit instant, il s'était senti en sécurité. Soudain, les larmes lui montèrent aux yeux.

Carmenero souleva le rideau et disparut dans la lumière du soleil. Le tissu retomba. Il était parti.

Chapitre 30

Le cirque s'était implanté dans la petite ville de Blancherive. C'était l'un de ces bourgs où il ne se passe jamais grand-chose. Il suffisait qu'un taureau en fuite remonte la grand-rue en courant ou qu'un habitant récolte une courge phénoménale pour que tout le monde en parle pendant des mois. L'arrivée du cirque était donc un véritable événement. On en frissonnait d'impatience. Au marché, les commerçants étaient si distraits qu'ils en venaient à peser un kilo de carottes pour un client qui leur avait demandé des navets. Quant aux clients, ils ne se rendaient compte de rien, trop absorbés par leurs discussions à propos du nouveau numéro annoncé. Des affiches scintillantes avaient été placardées à tous les coins de rue :

L'ENFANT BOULET DE CANON !
Vous n'osez pas l'imaginer ? Alors venez le voir !

Impossible de ne pas remarquer ces réclames ; Carmenero y avait veillé. Et elles avaient fait leur effet : on s'arrachait les tickets d'entrée. La soirée d'ouverture était déjà complète, et le patron étudiait la possibilité de rester un jour de plus. Till remportait un succès fou, avant même d'entrer en piste.

Dans les coulisses, il attendait le grand moment tandis que les autres artistes se succédaient. Devant la coiffeuse, Gaze et ses sœurs ajustaient leur coiffure et leur costume, époussetaient la sciure qui s'était posée sur leurs bas, arrangeaient leurs rubans, tandis que le montreur d'éléphants passait près d'elles, un seau de crottin à la main.

Les spectateurs poussaient des cris en voyant Enclume Mâchefer plier une barre de fer avec les dents. Savate se tenait près du rideau. Pêche recousait un énorme bouton sur son costume. Quand le clown vit que Till le regardait, il désigna le bouton et mima tour à tour la panique, le désespoir et le soulagement. Till rit doucement et, pendant dix bonnes secondes, il ne pensa plus au trac qui lui tordait l'estomac.

Soudain, la foule applaudit et lança des acclamations… l'orchestre bondit sur la tribune… les filles tirèrent les rideaux… Enclume Mâchefer quitta la piste… Gaze et ses sœurs firent leur entrée… et Till s'aperçut que son tour viendrait juste après.

Savate le rejoignit derrière le rideau.

– Il n'y en a plus pour longtemps, chuchota-t-il.

Il était chargé de distraire le public pendant que l'équipe installait le canon sur la piste.

Till afficha un petit sourire forcé. L'assistance, admirative, retenait son souffle devant Gaze et ses sœurs qui volaient comme des faucons. Le garçon percevait leurs appels de coordination et les claquements de mains quand leur père les rattrapait en plein vol. Après une nouvelle vague d'applaudissements, les rideaux s'ouvrirent ; Savate entra en piste et les filles gagnèrent les coulisses.

– Tiens-toi droit ! chuchota Gaze en passant. Je te surveille !

Till entendit le rugissement sourd des roues de l'énorme canon en fer que l'on poussait jusqu'au centre de la piste. Le bruit métallique qui suivit était celui de l'escalier amovible. Till, la gorge sèche et l'estomac noué, rabattit sa capuche en cuir sur sa tête. Il avait le souffle court.

Une main se posa sur son épaule. Il ne savait pas à qui elle était, car sa cagoule l'empêchait de voir latéralement. Après une pression destinée à le rassurer, elle disparut.

Carmenero passa entre les rideaux et entra en piste. Quand il leva les bras, l'orchestre fit silence tout à coup.

– Mesdames et messieurs, chers enfants ! Vous avez vu nos affiches. Vous avez entendu parler de lui. Et ce soir, heureux habitants de Blancherive, vous allez assister à la révélation d'un nouveau talent hors du commun. Ce garçon est courageux. Il est intrépide. C'est lui le seul, le vrai, l'unique… l'enfant boulet de canon !

Till entra en piste comme un roi. Il salua le public d'un signe de la main et d'une révérence. Il affectait un air imposant. Et, derrière son masque, il souriait. Quand l'orchestre commença son air, il gravit l'échelle argentée et se glissa dans le baril du canon après un dernier geste d'adieu. Il attendit dans le noir que l'un des membres de l'équipe amorce le lancement. Carmenero comptait à rebours. Dix, neuf, huit, sept… Till ferma les yeux et… BOUM ! tout explosa autour de lui, comme si un poing invisible l'expédiait vers le ciel.

Il ouvrit les yeux : il montait, montait, montait vers le haut du chapiteau. Les lanternes arc-en-ciel scintillaient tout près de lui. L'obscurité l'aspirait de ses doigts noirs. Mais il fit un arc de cercle pour entamer une folle descente. Il filait en piqué comme un faucon qui plonge sur sa proie. Il détendit ses muscles, ferma les yeux une fois de plus et se laissa prendre dans le filet.

Les spectateurs bondirent sur leur siège. Ils tapaient des pieds, jetaient leurs chapeaux en l'air. Le bruit était si assourdissant que la capuche en cuir ne suffisait pas à l'atténuer. Avec une grâce d'expert, Till sauta au sol. Carmenero le prit par le poignet et lui leva le bras d'un air triomphant :

– Mesdames et messieurs… L'enfant boulet de canon !

Il fit bien vite un pas en arrière pour se fondre dans l'obscurité.

Au fond du chapiteau, Gaze regardait la scène avec fierté. Ce qu'elle percevait, personne d'autre ne le voyait : derrière son masque, Till rayonnait de bonheur.

Chapitre 31

Après ce grand début, la vie de Till, homme de scène, retomba dans une certaine routine : corvées le matin, sieste l'après-midi et représentation le soir. Quand la foule, comblée de joie, se dispersait sur le chemin du retour, il allait s'asseoir près des feux de camp pour écouter des histoires sous la lueur des étoiles.

La troupe rassemblait plusieurs conteurs. Enclume Mâchefer était le plus distrayant. Il pouvait passer des heures à parler, à jeter des mots dans les airs comme un magicien tire une tourterelle de son chapeau. C'étaient des histoires à dormir debout, plus ou moins vraies, des galéjades ou des devinettes – il en connaissait des dizaines et le public était toujours nombreux autour de lui. Rubek, lui, relatait des aventures plus exotiques. Au cours de ses périples, il avait vu des choses extraordinaires dans le monde entier. L'écouter, c'était comme explorer des terres inconnues et pleines de surprises. Curieusement, c'était Savate qui contait les histoires les plus terrifiantes. Il débitait des légendes de fantômes absolument lugubres. Dans la nuit noire, Till restait pendu à ses lèvres pendant des heures, et des frissons de terreur lui remontaient le long du dos comme des coccinelles.

Toutefois, sa préférence allait à Rubis. Son répertoire était très large : mythes folkloriques, contes de fées, aventures du cirque… Et surtout, quelle que soit la nature de l'intrigue ou l'ancienneté de la légende, elle avait le don de leur insuffler une vie nouvelle. Parfois, elle laissait de côté la fiction pour évoquer les rencontres dont sa longue vie était ponctuée.

Till aimait beaucoup l'entendre parler de sa famille. Elle maîtrisait sa généalogie sur plusieurs générations. Elle faisait défiler sous les yeux de son auditoire des dizaines de voltigeurs, lanceurs de couteau, jongleurs et acrobates. Parfois, elle en dressait une description si convaincante que Till croyait voir ces ancêtres revenus à la vie : debout derrière leur héritière, dans la pénombre, ils écoutaient le récit de leur propre existence et hochait la tête en souriant.

*

L'automne tirait à sa fin. L'air devenait plus frais, les étoiles semblaient pendre comme des lampions. Till était assis avec Rubis, devant la roulotte de la vieille dame. Un feu crépitait à leurs pieds et Rubis, tout en tricotant un bonnet pour son dernier petit-fils, racontait la vie de son arrière-arrière-grand-père, Faucon Lavelle. Quand elle acheva son récit, Till soupira :

– Ça doit être chouette d'avoir une famille.

– Oh oui, c'est bien.

Soudain, Rubis s'arrêta de tricoter et s'exclama :

– Mais tu as une famille ! Je me souviens très bien de t'avoir entendu parler d'eux, quand on est passés dans ton village. Il y avait aussi cette si jolie fille, ce soir-là…

– Frimousse.

– C'est ça. Alors, qu'est-ce que tu veux dire ?

– Je n'ai pas de vraie famille. J'ai été adopté. Je n'ai ni frère ni sœur, ni tante ni oncle. Pas de grands-parents non plus. Je suis tout seul. Et je me disais que ça doit être bien d'être entouré de ses proches. D'être tous pareils, en tribu. Moi, je suis seul.

– Peut-être, mais tu as forcément un père et une mère.

Stupéfait, Till examina Rubis.

– Ah bon ?

– Mais bien sûr ! D'où crois-tu venir ? Tu n'as pas été fabriqué en usine, tu sais ! Sacré nom d'un lapin frisé, Till Brindille ! Tu as de ces idées !

– Mais si j'ai un père et une mère, où sont-ils en ce moment ?

– Je n'en sais rien, mon petit, répondit Rubis en posant la bouilloire sur le feu. Ils doivent être restés sur l'île, je suppose. Tu veux du thé ?

Pas de réponse. Rubis leva la tête. Till la regardait comme un fantôme sorti tout droit des contes de Savate.

– Eh bien, qu'est-ce qui ne va pas ?

– Quelle île ?

– Celle d'où tu viens, bafouilla Rubis, un peu troublée. Montcendré. Tu dois bien savoir ça, tout de même ?

Till secoua la tête.

– Personne ne t'a jamais rien dit ? Tu n'as jamais posé la question ?

L'eau commençait à bouillir. Elle faisait des bulles et s'évaporait en crachotant sur le foyer.

– Tu te croyais unique en ton genre ?

Till fit signe que oui. Rubis retira la bouilloire du feu et emplit la théière, soulagée de pouvoir se détourner, le temps de réfléchir.

Elle lui posa une tasse dans les mains sans qu'il s'en rende vraiment compte. Tétanisé, il fixait la nuit d'un regard perdu, incapable du moindre geste. Rubis dut lui serrer les doigts autour de la tasse pour éviter qu'elle ne glisse.

– Bois-moi ça, ordonna-t-elle gentiment. Ça te fera du bien. J'ai mis plein de sucre dedans. Tu es un peu en état de choc.

– Je ne savais pas, commença enfin Till. Je suis sorti d'un œuf, ça oui, je le sais. Papa l'a trouvé dans un champ. Mais sinon, vous avez vu juste : je me croyais unique en mon genre. C'est ce que pensait tout le monde. Dans mon village, je veux dire. Personne n'a jamais insinué le contraire. Même à Bourg-Dezinc, j'étais le seul de mon espèce. Quand j'en ai parlé à Mme Miroton, la cantinière de l'usine, elle le croyait aussi. Elle n'avait jamais vu de gens en bois, et pourtant, elle était vieille. Mais pas aussi vieille que vous.

– Ah non ? demanda Rubis en retenant un sourire.

– Je suis sûre qu'elle était sincère.

– Je n'en doute pas. On ne croise pas beaucoup de Moncendrais dans cette région. Moi-même, je n'en ai vu qu'un seul, avant toi, au cours de tous mes voyages. C'était à Portgalet. Il déchargeait un paquebot sur les quais. Mais j'ai pu en croiser d'autres sans m'en apercevoir, tout comme cette Mme Miroton. De loin, vous n'êtes pas tellement différents, après tout. Il faut être tout près pour voir la fibre du bois.

– L'île. Montcendré. Où se trouve-t-elle ?

– Ça, je n'en sais rien. Rubek doit le savoir, lui. Tu lui demanderas.

– Oh oui, je vais lui demander ! s'écria Till, et il fila à grands pas.

*

Till trouva Rubek assis devant sa roulotte.

– Salut, mon ami ! Tu viens me faire compagnie, oui ? Belle nuit pour s'asseoir et regarder étoiles. Tu veux bière ? Mais oui, bien sûr !

Il prit un second verre dans sa roulotte et y versa de la bière mousseuse tirée d'une bonbonne posée auprès de lui. Il tendit le verre à Till.

– Bois ! dit-il. Bien du bonheur !

La bière était forte et maltée. Till sentit qu'elle lui montait à la tête. Il s'assit en hâte.

– Rubek, avez-vous entendu parler d'une île qui s'appelle Montcendré ?

– Pour sûr, répondit Rubek en suçotant sa longue pipe en terre. J'étais là-bas, une fois.

Till était bouche bée.

– Vous y êtes allé ? C'est comment ?

– Merveilleux ! dit Rubek avec un grand geste. Terre forestière. Sombre. Beaucoup arbres. Je n'ai pas vu pays en entier, tu comprends. J'étais en bateau. Nous avons accosté pour prendre eau et faire provisions. Nous n'avons pas resté longtemps. Mais j'ai vu.

– Vous avez vu des gens ?

– Mais oui ! Beaucoup ! Tous comme toi. Pâles. Pas grands, mais forts. Très forts. Comme toi, je te dis ! Ils sont connus pour ça.

– Mais qu'est-ce qu'ils font ? demanda Till, impatient d'en savoir plus. Ils sont bûcherons ? Pêcheurs ? Fermiers ?

– Certains, oui, mais…

Rubek se tut un moment pour dévisager Till, les sourcils froncés.

– Mon ami, tu ne sais pas déjà ces choses ?

– Non. Je ne sais rien de rien. Toute ma vie, je suis resté persuadé que j'étais seul de mon espèce. Et tout à coup, j'apprends qu'il y a une île habitée de gens comme moi ! C'est extraordinaire ! Je veux que vous me disiez absolument tout ce que vous savez.

– Oh, mon ami… soupira Rubek, alors il faut que je te dise une chose. Till… ton peuple, ils sont presque tous des esclaves.

Chapitre 32

Lourdement appuyé sur le manche de sa fourche, Till pensait à son peuple. À vrai dire, il n'avait guère pensé à autre chose durant toute la nuit, mais, au moment où il avait servi aux éléphants leur déjeuner du matin, leur état de prisonniers lui avait sauté aux yeux. Ils étaient attachés. D'épaisses chaînes dorées reliaient leurs chevilles à des piquets fichés en terre à coups de marteau. Même si ces chaînes étaient astiquées, gravées et ornées de clochettes, elles restaient bel et bien des chaînes. Quant à ces glorieux animaux, malgré leur force et leur beauté, malgré leur sagesse et leur dignité, malgré l'émerveillement et l'admiration qu'ils suscitaient dans le public – c'étaient des esclaves.

La nuit précédente, Rubek lui avait dit tout ce qu'il savait. Oui, les gens de Montcendré, réduits en esclavage, étaient vendus dans le monde entier ; mais en général, on ne les vendait pas sous forme d'êtres vivants. Les marchands préféraient faire du trafic d'œufs. Cette phase inhabituelle du cycle de la vie des Montcendrais, combinée à leur force et à leur endurance hors du commun, avait décidé de leur sort.

Car ces œufs en bois étaient solides, donc manipulables. Une fois serrés dans des caisses, ils étaient transportés comme n'importe quelle marchandise. Ensuite, les acheteurs les conservaient indéfiniment ; quand ils avaient besoin d'esclaves tout frais tout neufs, ils n'avaient qu'à les jeter au feu. En quelques minutes, les futurs ouvriers en sortaient et, grâce à l'incroyable rapidité de leur développement, ils étaient prêts à travailler un mois plus tard.

Le plus merveilleux, du point de vue des propriétaires, c'était que ces esclaves n'avaient pas de mémoire. Ils étaient nés esclaves. Ils n'avaient nul souvenir d'une quelconque famille ou terre natale. Ils n'avaient enduré aucune épreuve de capture ou d'exil. Ils n'avaient jamais rien connu d'autre. Tant qu'on les maintenait dans un confort raisonnable et qu'on les nourrissait, ils ne se faisaient pas de souci. Aucun cauchemar ne venait troubler leur sommeil. Ils n'avaient pas le mal du pays. Puisqu'ils étaient au pays. Et tout le monde était content.

Till était consterné. Ce tableau idéal était faussé, et il le dit haut et fort.

– Je suis d'accord avec toi, mon ami, avait répondu Rubek. Mais je te raconte comme les marchands d'esclaves me disent il y a longtemps.

– Les esclaves sont privés de souvenirs, mais ça ne veut pas dire qu'ils ne ressentent rien, protesta Till en tremblant. Moi, je n'avais pas de souvenirs, mais je me disais bien que… À chaque fois que j'entrais dans une forêt ou un bois, je sentais quelque chose. J'avais l'impression que j'étais chez moi. Dans mon élément. Maintenant, je sais pourquoi. *J'étais* dans mon élément. Comme à Montcendré. Quant à Picote et Aiguillon… Eux non plus n'avaient pas de souvenirs, mais ils sentaient l'appel de la nature. C'est pour ça qu'ils devaient partir. Et je les y ai aidés. Au plus profond de nous, nous savons tous d'où nous venons. Quand on en prend conscience, on doit s'y rendre. Il le faut.

– Là, je suis perdu ! avoua Rubek.

– Je veux y aller.

– À Montcendré ?

– Oui. Il le faut. Pas seulement pour moi, mais pour tous ces esclaves. Il faut que j'y aille pour eux aussi. Si j'y arrive, cela voudra peut-être dire qu'ils y arriveront aussi, un jour.

– Peut-être, mais je n'y crois pas. Ils sont esclaves. Pas libres de voyager comme ils veulent. Tu ne peux pas changer le monde, mon ami. C'est grand, le monde, beaucoup de méchantes choses. Je sais, moi – j'ai vu avec mes yeux. Till, c'est la vie ! Pas une histoire. Pas un conte. Pour quelques-uns, ça ne finit pas bien. Pour toi non plus, peut-être.

– Vous croyez que si j'y allais, je serais en danger ?

– Non ! Tu ne seras pas attrapé dans filet et vendu comme esclave, si c'est ça que tu crois ! Non, je te dis : les marchands aiment mieux les œufs. Au moins, ils ne se battent pas ! Mon ami, un homme sensé ne provoque pas un Montcendrais ! Vous êtes tous très forts ! Il faudrait être fou ! Tu seras en sécurité. Mais seul. Tu comprends ? Tout seul. Le cirque Carmenero n'ira pas avec toi.

Chapitre 33

C'ÉTAIT DÉCIDÉ. TILL IRAIT À MONTCENDRÉ. IL Y DÉCOUVRIRAIT ses racines, son pays et peut-être – c'était le plus important – sa famille. Qu'avait dit Mme Miroton, déjà ? « On a le droit de vouloir vivre en paix. Alors vas-y, pars à la recherche de la paix. » S'il trouvait sa famille, il trouverait peut-être aussi la paix.

Quitter le cirque lui brisait le cœur, mais il le fallait. Il avait décidé de bifurquer à Portgalet, dernière ville de la tournée. Après cette étape, l'équipe devait rebrousser chemin pour passer l'hiver à Verte-Brèche.

Portgalet. C'était là que tout commencerait ! C'était l'un des ports les plus actifs du pays. Des bateaux venus de tous les coins du monde y accostaient. À en croire Rubek, les quais y grouillaient de marins de toutes les tailles, de toutes les formes et de toutes les couleurs, qui parlaient toutes les langues imaginables. C'était même là que Rubis avait vu un Montcendrais. Peut-être Till en verrait-il un, lui aussi.

Il ne parla de son projet à personne. Il emprisonnait ses pensées comme s'il craignait qu'on les lui vole. Quand la troupe se déplaçait, il s'installait dans la voiture de tête, bien serré entre Enclume et Candy. Dès qu'un nouvel horizon paraissait, il l'examinait. La moindre colline était une promesse d'océan. À chaque fois que la roulotte gravissait une pente, il se sentait envahi d'un sentiment d'excitation et d'impatience. Cette fois, c'était la bonne ! Mais non, pas encore. C'était toujours le même paysage, à perte de vue : des champs, des forêts, des rivières et des ruisseaux, et encore des buttes à escalader.

Par un jour sombre où les nuages serrés étaient une promesse de pluie, tandis que la roulotte louvoyait sur des chemins tapissés de feuilles mortes, il entendit cacarder derrière lui. Un vol d'oies sauvages quittait la vallée. Elles passèrent au-dessus du convoi et Till s'entendit murmurer :

– Qu'elles sont nombreuses…

– Dame oui ! dit Enclume. Elles vont vers les marais salants de Portgalet. Elles sont presque arrivées.

Till regarda le bonhomme. Il inspira profondément et s'efforça de parler d'un ton calme.

– Presque arrivées ?

– Oui. On voit déjà la mer, regarde.

Il regarda. Une petite ligne grise était fondue sur l'horizon. Rien de bien remarquable. Ce n'était qu'un trait sombre sous la lourde masse des nuages. Mais c'était la mer. Ils y seraient avant la tombée de la nuit.

*

Les derniers jours de Till parmi les gens du cirque filèrent trop vite. Il avait envie de serrer ses amis contre lui. Il s'était juré d'engranger le plus possible de souvenirs, de les garder dans son cœur et de partir avec. Mais, entre la poussière et les lumières de la piste, il ne vit pas le temps passer et le moment de la séparation arriva.

L'ultime représentation était terminée. Tout en chantant, les hommes s'étaient mis à la besogne pour démonter le chapiteau. Till se fraya un chemin entre les cordes jusqu'à la roulotte à costumes. Pêche y était, comme il l'espérait. Il lui confia qu'il partait et lui expliqua pourquoi. Elle le serra contre elle et lui recommanda d'être prudent, mais ne chercha pas à le retenir.

Alors qu'ils étaient encore dans les bras l'un de l'autre, Candy parut et demanda ce qui se passait. Quand elle apprit la nouvelle, elle s'assit sur les marches de la voiture et se mit à pleurer. À chaudes larmes. Till était sous le choc. Il ne s'attendait pas à cela. Il ne se doutait pas de l'affection que, de toute évidence, elle éprouvait pour lui. Il s'assit près d'elle, la prit dans ses bras et la berça en lui murmurant à l'oreille : « Il faut que je parte, il faut que je parte… », tandis qu'elle sanglotait : « Je sais, je sais. »

Quand ils se séparèrent, Till, abattu par le chagrin, s'éloigna dans la pénombre en chancelant comme un ivrogne. Cela n'avait rien des doux adieux qu'il avait imaginés, avec Candy et Gaze qui auraient agité gracieusement la main tandis qu'il emprunterait la voie de la Grande Aventure. Non, c'était atroce. Il se sentait à vif, comme si on lui avait arraché une épaisseur d'écorce. Blessé, diminué. C'était insupportable.

Tout en titubant, il croisa Gaze. Elle l'avait vu elle aussi. Il l'empêcha de poser des questions en lui faisant un signe de la main, et sans cesser de marcher, il lui dit simplement :

– Tu demanderas à Candy.

Devant la roulotte de Rubis, il se sentit attiré par les chandelles et par un parfum de chocolat. Pour la troisième fois, devant Rubis qui l'écoutait, les yeux luisants, il dut exposer ce qu'il avait l'intention de faire et les raisons qui l'y poussaient, tout en songeant : « Combien de fois faudra-t-il que je m'explique ? C'est insoutenable. » Rubis lui tendit une tasse de chocolat chaud et dit simplement :

– Que le soleil réchauffe tes jours,
Que la lune veille sur tes nuits.
Que l'espoir soit ta lanterne
Et l'amour ton bouclier.
Que tes rêves soient les bottes
Qui te mèneront jusque chez toi.

Till ferma les yeux pour savourer le chocolat, la chaleur de la roulotte et la présence de Rubis. Au fil des nuits à venir, il éprouverait plus d'une fois la nostalgie de tels moments.

Il resta encore quelques précieuses minutes, puis rouvrit les yeux. Rubis le regardait avec affection. Elle avait la tête penchée et, avec ses yeux brillants et son nez pointu, elle ressemblait à un vieux perroquet dont les plumes seraient des rides. Till sourit, malgré sa tristesse.

– Il faut que tu préviennes Carmenero, murmura-t-elle.

*

La porte de sa roulotte était fermée, mais Carmenero était là. Par la fenêtre, Till le voyait se servir un verre de vin.

Il frappa doucement à la porte.

– Désolé de vous déranger…

– Tu ne me déranges pas, dit Carmenero. Entre donc.

Till gravit les marches. La chienne noire somnolait sur le tapis. Quand il l'enjamba, elle entrouvrit un œil, mais elle se rendormit bientôt et ses pattes frétillèrent tandis qu'elle rêvait.

Till ne savait pas comment aborder le sujet. Il contemplait le tapis tout en sentant que Carmenero le regardait, lui. Il inspira profondément et leva le nez. Carmenero le dévisageait bel et bien. Il avait les yeux marron. D'une couleur riche et chaude, comme des châtaignes. Son regard exprimait une telle compassion que Till dut se détourner.

– Je quitte le cirque...

Il n'avait pas achevé sa phrase que déjà les larmes lui montaient aux yeux.

– Je sais. Je suis passé près de chez Pêche, tout à l'heure. Elles étaient trois, là-dedans, à pleurer comme des Madeleine. Mais, entre nous soit dit, je les soupçonne d'y prendre un certain plaisir...

Till sourit et essuya son nez d'un revers de manche. Carmenero tira de sa poche un mouchoir de soie orné d'une fleur et le lui tendit.

– Il paraît que tu vas à Montcendré ?

– Oui, confirma Till en se tamponnant les yeux. Je voudrais voir cette île. Les forêts. Et puis...

Il se tut, le temps de réfléchir un peu.

– Et puis Rubis m'a dit que j'avais forcément des parents. Je ne peux pas m'empêcher de penser qu'ils sont peut-être toujours là-bas. Je veux les retrouver.

– Comment les reconnaîtras-tu ?

– Je n'en sais rien. Je n'y avais pas pensé.

– As-tu un nom de famille ?

– Non.

Ils restèrent silencieux. Allongée entre eux, Lady soupira.

– Je ne chercherai pas à te retenir, avoua enfin Carmenero. Même si cela me fait de la peine que tu nous quittes. Tu comptais partir quand ?

– Euh… maintenant. Pendant qu'il fait noir.

– Non, dit Carmenero en secouant la tête. Je ne te laisserai pas faire. Tu ne vas pas t'enfuir comme ça. Filer en pleine nuit comme un voleur. Tu coucheras ici ce soir. Sur le canapé. Jusqu'à l'aube. Il faut toujours prendre la route quand il fait jour. C'est important.

– Mais je ne veux voir personne.

– Tu ne verras personne. Même pas moi.

Till entendit une petite voix intérieure le conseiller : « Demande-lui d'être là quand tu partiras. » Mais il n'obéit pas.

Ainsi, quand il quitta le cirque, le lendemain matin, il s'en alla seul. Il traversa le camp, qui était saisi par le premier grand froid de l'hiver. Des filets de brume argentée s'enroulaient autour de ses pieds comme des serpents. Son souffle était transformé en vapeur.

Personne ne le vit partir. Sauf Carmenero. Derrière sa fenêtre, il suivit du regard la silhouette du jeune garçon jusqu'à ce qu'elle se fonde dans la lumière citronnée de l'aube.

– Pourvu qu'il trouve ce qu'il cherche… et qu'il aime ce qu'il trouvera.

*

Till allait d'un bon pas. Le cirque était sur les hauteurs, au sud de la ville. Il suivit le chemin qui menait vers la plaine en ondulant dans les taillis. Quand il en sortit enfin, l'aurore brillait de mille feux. Des rubans jaunes striaient le ciel et illuminaient la forêt de mâts du port. Till sentit son moral remonter comme un merle qui file vers le ciel, et il poursuivit sa route vers Portgalet en sifflant comme un merle, lui aussi.

Quatrième partie

Chapitre 34

Les cris des marins, le parfum des épices, la foule qui se bouscule… Portgalet était si éblouissant que Till avait du mal à tout voir et tout sentir. C'était bruyant, criard, exotique. Il se demandait pourquoi diable les habitants de cette ville payaient pour aller au cirque, alors qu'ils pouvaient assister à ce spectacle-là gratuitement. Là, au cœur du port, les marins escaladaient des mâts bien plus hauts que les montants du chapiteau des Étoiles. Ils se balançaient au bout de cordages, montaient sur le gréement et rampaient comme des crabes le long des vergues.

Quant à leurs vêtements ! Pêche elle-même n'aurait jamais osé en coudre d'aussi voyants. Rayures, pois, carreaux, losanges… il y avait de tout sur le dos des marins, et cela produisait une explosion de couleurs. Sans parler des nœuds, des boucles, des ceintures et des bretelles. Des amples chemises blanches qui battaient au vent comme des voiles. Des culottes courtes et moulantes qui descendaient jusqu'aux genoux. Des chapeaux ornés de longs rubans. Des bottes bombées. Des pieds nus. Ou poilus. Ou même noirs ! Till n'avait jamais vu d'hommes noirs, mais Rubis lui avait parlé des Princes de minuit, ces fabuleux acrobates noirs qui avaient fait partie de la troupe. Originaires de l'île de Balaa, ils avaient été congédiés par Carmenero, qui les trouvait… trop beaux ! En effet, les jeunes spectatrices amourachées, prises de folie, voulaient rester près d'eux et quittaient même leur village pour suivre le cirque par monts et par vaux. Elles devenaient trop nombreuses, avait dit Rubis. Carmenero n'en pouvait plus d'affronter des pères en colère.

Ce jour-là, à Portgalet, Till était certain d'avoir devant lui un homme de Balaa. Un marin aux longues jambes, dont la peau était d'un noir profond comme de la réglisse, allait d'un bon pas vers le centre-ville pour y dépenser ses trois sous. Il s'arrêta devant un marchand de fruits, regarda les pêches. Il tira de sa poche une bourse graisseuse dont il sortit une pièce. Puis il saisit une pêche et y planta ses dents. De toute évidence, il savourait pleinement le goût de la terre ferme !

L'homme se fondit bien vite dans la foule. Il y avait tant de monde ! Les commerçants, coiffés de chapeaux à plumes, hochaient la tête et souriaient, tout en rangeant leur fortune dans des boîtes ou des coffres à monnaie. Les négociants poussaient leurs charrettes, vendaient et achetaient de la marchandise et appelaient les seconds des navires en cours de chargement. Les filles cherchaient l'âme sœur en virevoltant d'un air aguichant. De petits groupes de marins, sûrs d'eux et fanfarons, allaient à l'auberge. Les femmes en larmes serraient contre elles leur bébé poisseux avant de regagner leur maison déserte. Oui, c'était un océan de gens qui avaient épousé la mer.

Till vida un bocal de harengs saurs et se demanda comment les marins trouvaient du travail. S'adressaientils aux négociants, propriétaires des navires, ou aux capitaines qui les dirigeaient ? Les rencontraient-ils à l'auberge ? Il ne pouvait pas y entrer, lui : il était trop jeune. Même s'il avait eu l'âge, il n'y serait pas allé. Rubek lui avait raconté plus d'une terrifiante histoire d'égorgeurs, qui commençaient toutes dans une auberge.

« Il va falloir que je me renseigne », pensa-t-il. Il y avait, non loin, un garçon qui faisait des courses – saurait-il l'aider ? Il était déjà passé devant Till trois ou quatre fois, et il avait l'air gentil. Till alla le questionner.

– Il faut voir avec le second, dit le garçon. C'est lui qui embauche les membres de l'équipage… et qui les renvoie.

– Où faut-il aller ?

– À bord, si le navire est en chargement. Tu tiens à partir aujourd'hui ? Parce que si c'est ça, j'en connais un qui va larguer les amarres dès la prochaine marée : *L'Espérance*. Le second s'appelle Flynn. Je t'emmène le voir, si tu veux. Ça te coûtera six sous.

Till eut un geste d'hésitation.

– Alors ? Tu veux embarquer, oui ou non ?

– Oui, dit Till, oui. Mais je voudrais aller à Montcendré. Tu crois que…

– Non. Pas possible. T'as un train de retard, mon pote. Le dernier bateau à destination de Montcendré est parti hier. Maintenant, il faut attendre au moins deux ou trois semaines, et il ne fait pas bon traîner à Portgalet, si tu vois ce que je veux dire. Moi, à ta place, j'irais à Briquabraque à bord de *L'Espérance*.

Till suffoqua. Briquabraque était célèbre : c'était une cité tentaculaire qui s'étendait aux frontières du monde connu.

– C'est donc là qu'ils vont ?

– 'Bsolument, et je vais te dire encore un truc : Briquabraque, c'est complètement délirant ! J'y suis allé, une fois. Si je te racontais ce que j'y ai fait, moi qui suis un gars bien élevé et tout, tu ne me croirais pas ! Écoute, mon pote, faut découvrir le monde ! Montcendré, tu pourras y aller n'importe quand. *L'Espérance*, c'est pas un mauvais bateau. Flynn est un peu sévère, mais après tout, c'est son boulot, non ? Faut savoir mener l'équipage. Le capitaine est sympa, lui. Alors c'est décidé ? Tu me les donnes, mes six sous, ou quoi ?

Cinq minutes plus tard, Till se trouvait devant le plus beau navire qu'il eût jamais vu : un trois-mâts dont la membrure était sombre et luisante, et la proue ornée d'une statue de déesse dorée. Le garçon désigna Flynn, le second, qui se tenait sur la dunette pour lancer des ordres, et dit simplement :

– Bonne chance.

– Merci, répondit Till, et il monta sur la planche d'embarquement.

Flynn était un homme musclé ; il avait des boucles d'oreilles en argent et ses cheveux étaient délavés par l'eau de mer. Ses yeux avaient observé si souvent l'horizon qu'ils avaient comme rétréci. Il se tourna vers Till et le jaugea de la tête aux pieds, de sa tignasse ébouriffée à la pointe de ses bottes boueuses.

– Qu'est-ce que tu veux, toi ? grogna-t-il. Du boulot, je parie ?

Till hocha la tête.

– Tu as déjà navigué, au moins ? Non ? Bon, on est tous passés par là. Et on finira tous au même endroit.

Il eut un léger sourire.

– Tu as l'air bien jeune.

– Je suis assez âgé, monsieur. Et surtout, je suis très fort – aussi fort qu'un homme.

– Je n'en doute pas. J'ai déjà travaillé avec des gars de ta région. Mais je ne veux pas d'ennuis, c'est clair ? Pas de bagarres. D'accord ? C'est bon. Baxter !

Un marin d'allure bourrue les rejoignit sur le pont.

– Emmène ce gamin avec toi. Trouve-lui une couchette et montre-lui où est la coquerie. Ferdinand ! Fais attention, tu charges des poules, voyons ! On veut les livrer vivantes, pas mortes !

Et, sans un mot de plus, Flynn s'éloigna.

– Ça y est, c'est arrangé ? demanda Till.

– Ouais, c'est bon, répondit le marin en retroussant son pantalon, révélant ses orteils tatoués. Bienvenue à bord de *L'Espérance*.

Chapitre 35

La coquerie se trouvait dans les entrailles du navire et, tout le long de la journée, Till ne voyait pas grand-chose d'autre. Lui qui rêvait d'escalader les mâts et de hisser les voiles, de lessiver les ponts et de réparer les toiles, il épluchait des pommes de terre et récurait des casseroles sales. « Ce n'est pas juste, je perds mon temps ici. » Il savait bien qu'il n'était pas le garçon le plus intelligent du monde. Il ne savait ni jouer de la musique ni peindre un tableau. Il ne courait pas vraiment vite. Mais il était musclé. Et n'avait peur de rien. Il se serait chargé sans rechigner de corvées dont personne ne voulait. Ainsi, il savait que les marins détestaient grimper aux mâts par mauvais temps. Ils n'aimaient pas se trouver à plusieurs mètres de hauteur, tandis que le bateau dansait sous eux et que le vent leur sifflait aux oreilles – c'était même si terrifiant que Flynn s'en servait comme d'une punition. Till, lui, en rêvait. La hauteur ne l'inquiétait pas : de quoi aurait-il eu peur ? S'il tombait, il n'en mourrait pas. En revanche, cela endommagerait le navire, il fallait bien le reconnaître. Il percuterait le pont si violemment qu'il traverserait le plancher comme un boulet de canon. Et, s'il descendait ainsi jusqu'à la quille et perçait le fond, le bateau coulerait en emportant tout l'équipage. C'était peut-être pour cela que Flynn ne l'envoyait jamais à l'escalade.

Till passait donc son temps dans son hamac ou à la coquerie, sans rien de bien intéressant entre les deux. Le seul moment où il pouvait apprécier la mer, c'était tard le soir : il remontait discrètement sur le pont et s'asseyait sous les étoiles pour écouter les bruits qui régnaient à bord. Ce n'était jamais silencieux. Les cordages grinçaient. La coque grognait. Les voiles claquaient. Il percevait aussi des bruits de pas : le capitaine se promenait souvent à cette heure-là. Till, installé sur son carré de bâche goudronnée, entendait le crépitement d'une allumette quand il allumait sa pipe. La lumière flamboyait dans l'obscurité comme un feu d'artifice, puis le capitaine commençait ses déambulations.

Le capitaine Kempe, toujours impeccablement vêtu, était d'une beauté inimaginable. Mais, malgré cette chance exceptionnelle, il n'était pas hautain. Au contraire, il était ouvert et aimable.

Il avait découvert la cachette de la nouvelle recrue deux jours après le départ. Installé sur le pont, Till était perdu dans ses pensées quand il s'aperçut, horrifié, qu'une paire de bottes – reconnaissables entre toutes – s'approchait de lui. Il se recroquevilla, certain qu'il allait être réprimandé. Mais, au lieu de le gronder, le capitaine lui sourit et se présenta. Il demanda son nom à Till. Il voulut savoir s'il appréciait son premier voyage en mer et s'il avait remarqué la beauté du ciel. Puis il s'en alla, après lui avoir souhaité bonne nuit.

Depuis, quand leurs chemins nocturnes se croisaient, le capitaine le saluait d'un signe de tête. Parfois, il prenait le temps de papoter un peu. Cela plaisait à Till. C'était raffiné. Kempe était si propre, si poli – rien à voir avec l'équipage. Till n'aimait pas quitter le pont pour redescendre au dortoir. Là-bas, les poteaux de bois tremblaient sous les ronflements et autres grognements des hommes endormis, et ça sentait le marin.

Cette puanteur était due au menu quotidien : au début du voyage, les hommes mangeaient chaque jour des fruits et légumes frais. Mais, au fil des semaines, les placards se vidaient, jusqu'à ce qu'il n'y reste plus que des oignons, du bœuf salé et des biscuits. Il fallait faire tremper la viande pendant des heures pour la dessaler, et elle restait tout de même dure comme du cuir. Les biscuits étaient encore pires : ils étaient si secs qu'on se brisait les dents en essayant de les croquer. Till se demandait combien de temps l'équipage pouvait tenir, à ce régime. Le voyage serait-il long ? Il n'en savait rien. Il n'avait jamais posé la question. Allaient-ils vraiment à Briquabraque ? Personne ne le lui avait dit, à part le gamin du port. Il décida de se renseigner auprès du cuistot.

Du moment qu'il était dans sa cuisine, Cambuse était heureux. Il se moquait bien de la destination du navire ou du temps qu'il faudrait pour l'atteindre.

– L'endroit où on va, c'est pas mes oignons, annonça-t-il. Moi, je prépare des repas chauds pour l'équipage. La navigation, c'est l'affaire du capitaine Kempe, voilà tout. C'est à lui de s'en occuper. Il est payé pour ça. Qu'il fasse son boulot, et je ferai le mien.

– Mais vous devez bien connaître la durée de la traversée, insista Till, sinon, vous ne savez pas quelle quantité de provisions il faut prévoir.

– Là, tu dis vrai, mon petit ! Je dois en effet savoir si le voyage sera long, mais ce n'est pas ça que tu m'as demandé. Tu as voulu savoir où nous allons, et je n'en sais rien. Ce dont je suis sûr, c'est qu'on en a pour trois mois, avec une étape de ravitaillement au bout de six semaines. Sur l'île de Dendrequin. On y fera provision d'eau, de fruits, de légumes, de tous les produits frais qu'on pourra trouver pour continuer la traversée. D'ailleurs, elle devrait paraître à l'horizon d'un jour à l'autre, maintenant.

Il disait vrai. Dès le lendemain matin, Till fut réveillé par le cri « Terre ! » et le battement des pieds des marins qui se précipitaient vers le pont dans l'espoir d'apercevoir un petit bout de pays. Il alla les rejoindre, mais il n'y avait pas grand-chose à voir. Rien qu'une tache décevante à l'horizon : une ligne gris foncé, là où la mer et le ciel se rencontraient. Mais quand, plus tard, il s'échappa de la coquerie pour aller voir, les choses avaient bien changé. L'île trônait majestueusement au beau milieu de l'océan : des palmiers à perte de vue, des plages et des baies d'eau bleue, le tout couronné de trois sommets montagneux en dents de scie. Tout semblait si calme. Si paisible. Rien à voir avec le navire, où régnait soudain un tintamarre cauchemardesque. Les mouettes poussaient des cris stridents. Flynn braillait. Certains marins voletaient comme des guêpes sur les vergues pour serrer les voiles. D'autres halaient les cordages, d'autres encore préparaient les chaloupes. Au beau milieu de cette frénésie, le capitaine Kempe observait calmement l'horizon à travers son télescope. Tout sourire.

Till était fou de joie. Après des semaines en mer, il avait hâte de marcher sur la terre ferme, et l'île de Dendrequin semblait fort prometteuse. « Ce soir, assis sur cette plage, un verre de lait de coco dans une main et un steak grillé dans l'autre, je jouerai à faire passer le sable entre mes doigts de pied et j'écouterai les vagues qui viennent lécher la grève. Le bonheur ! »

Mais une fois encore, il fut déçu. Le navire fut amarré juste assez près de la côte pour que l'on puisse y charger les provisions. Le transbordement dura presque toute la journée, les chaloupes enchaînèrent les allers et retours, mais on n'accosta pas. Comme d'habitude, Till passa tout son temps à la coquerie, à éplucher des oignons et à touiller la soupe. Quand la marée remonta, le soir, il entendit Flynn bondir sur le pont, au-dessus de lui, et crier :

– Préparez-vous à lever l'ancre !

Les amarres furent hissées dans un cliquetis ; on reprenait la mer.

Cette nuit-là, quand il alla s'installer sur le pont, Till avait toujours le cafard. Perdu dans ses pensées, il n'entendit pas venir le capitaine. Mais soudain, de longues bottes noires et luisantes parurent devant lui. Il se leva maladroitement et bafouilla un bonsoir de politesse.

– Bonsoir, Till. Alors on prend l'air ? Ça fait du bien de sentir la brise de la pleine mer, après une journée aussi chaude.

Till hocha la tête d'un air malheureux. Le capitaine l'examina un instant et dit :

– Tu espérais aller à terre, je suppose.

Il tira sur sa pipe et souffla vers la nuit un nuage de fumée odorante.

– Ce sera pour une autre fois. Quand on arrivera à Briquabraque, si ce n'est avant.

– Et ensuite, où ira le bateau, mon capitaine ? demanda timidement Till.

– On remonte la côte jusqu'à la baie de Terzaride, répondit le capitaine en dessinant une carte imaginaire du bout de sa pipe. Ensuite, vers l'archipel Archichoo. De là, on commencera une longue traversée vers l'est, jusqu'à Maaloo. Mais tu ne seras peut-être plus avec nous, d'ici là.

– Pourquoi donc ? demanda Till, surpris.

– Parce que Briquabraque te séduira tant que tu ne voudras plus en partir !

Le capitaine sourit, puis reprit :

– Sérieusement, c'est un bel endroit. Bourré d'énergie ; cela se sent jusque dans les rues. C'est… enivrant. Et donc, tu décideras peut-être d'y rester. C'est souvent le cas.

Till réfléchit un moment et dit :

– Ça m'étonnerait. Je veux aller autre part. À Montcendré.

Le capitaine souffla doucement. La fumée gravit les cordages comme un lézard gris.

– Je veux retrouver ma famille. Ma vraie famille.

– Je te souhaite bonne chance, dit le capitaine.

Il fourra ses mains dans ses poches et disparut dans la pénombre.

Chapitre 36

Cambuse était de méchante humeur. C'était un de ces matins où tout va de travers. Il préparait de la pâte pour faire trois douzaines de tartes aux pommes, il avait de la farine jusqu'aux coudes – et voilà qu'au moins une de ses barriques de pommes avait pourri.

– Du calme, Cambuse, du calme, se dit-il en inspirant profondément. Ce genre de choses, c'est des épreuves qu'on nous envoie. Que les pommes se piquent, après tout, c'est normal. Mais quand même, la prochaine fois que je verrai le marchand de primeurs de Portgalet, je lui dirai ma façon de penser. Ça oui, alors. Sans mâcher mes mots. Moi qui fais tout pour que ce bateau soit bien tenu, je ne suis pas aidé. Les carottes commencent à faire grise mine, elles aussi.

– Où est-ce que je mets ça ? demanda Till en désignant la barrique de pommes.

– Va les donner aux chèvres. Il n'y a rien de mieux à faire. J'espère seulement que ça ne les rendra pas malades. Elles ont un peu fermenté, ces satanées pommes, et il n'y a rien de pire qu'une chèvre éméchée, surtout si elle a des cornes.

Till poussa le cageot du pied pour sortir de la coquerie.

– Et quand tu auras fini, cria Cambuse, va en chercher d'autres dans la soute. Tâche d'en choisir qui aient meilleure allure.

Mais les pommes étaient toutes aussi mauvaises les unes que les autres. Till examina les paquets les uns après les autres, pour n'y trouver que des fruits moisis et brunâtres. « Que faire ? se dit-il. Cambuse en a absolument besoin. Il a déjà commencé à préparer la pâte à tarte. »

Y aurait-il d'autres réserves dans la soute ? Till n'en savait rien : il n'y était jamais descendu. Elle était pleine à craquer de marchandises. Personne n'y allait jamais, sauf Flynn.

Il remonta sur le pont et s'approcha de l'écoutille. Il n'y avait pas un chat. Il souleva le panneau et se pencha pour regarder. Tout était sombre. Il allait avoir besoin d'une lampe. Il y en avait bien une, pendue à la rambarde, mais elle était éteinte. Il se souvint que, dans la cale, il en avait vu une qui était allumée ; il retourna la chercher et s'engouffra dans l'escalier sombre.

Il entendait les rats qui grattaient dans les recoins. Il brandit la lampe encore plus haut et s'avança prudemment. Il regarda autour de lui pour voir s'il y avait des barriques, et il en vit en effet une dizaine, empilées non loin de l'escalier. Toutefois, elles ne contenaient pas de pommes – elles étaient fermées par un couvercle en bois. Elles étaient probablement pleines de vin ou de rhum. Till alla voir plus loin.

Il y avait des caisses empilées jusqu'au plafond. Elles étaient toutes de la même taille et de la même forme. Des rangées et des rangées, entassées en lignes régulières. On avait tamponné une ligne à l'encre rouge sur chacune d'elles. Il approcha la lampe et vit un mot, un seul : MONTCENDRÉ.

Il sentit son cœur bondir. « Non. Ce n'est pas possible. »

Il voulait savoir. Il se faufila jusqu'à l'endroit où les caissons étaient disposés en escalier. Là, il devenait possible de les manipuler. Il posa la lampe et souleva celui du dessus. Il était scellé. Till donna des coups de poing sur le couvercle. Le bois frappait le bois, de plus en plus fort, comme un marteau. La caisse se fendit enfin et le garçon put arracher les éclats.

Des œufs. Elle était pleine d'œufs en bois. Il tira une autre caissette et la réduisit en miettes. Encore des œufs. Ils tombèrent au sol par dizaines. Ils roulaient dans tous les sens. Chacun abritait un petit être. Un être qui ne connaîtrait jamais que l'esclavage.

C'était donc ça, la cargaison de *L'Espérance*. Non pas du vin ou de la laine, mais des êtres vivants. Ses frères.

Il fallait leur rendre la liberté. Il aurait voulu réduire ces caissons en miettes jusqu'au dernier. Jeter tous les œufs à la mer. Laisser le courant les emporter n'importe où. Loin de leur destination actuelle, en tout cas. Il saisit l'une des boîtes et se dirigea vers l'escalier. Mais il s'arrêta. Avait-il donc perdu la tête ? Il ne pouvait pas agir en plein jour ! Il devait attendre la nuit.

Il reprit la lampe et remonta vers le pont. Un coup d'œil à droite et à gauche. Toujours personne. Il sortit à l'air libre et referma derrière lui.

« Cette nuit, se dit-il. Je ferai ça cette nuit. »

Chapitre 37

Couché dans son hamac, Till était bercé par un concert de ronflements : tout le monde dormait. C'était le moment.

Il descendit doucement, se faufila entre les hamacs qui se balançaient et gravit l'escalier du pont. Celui-ci était désert. Seul le gardien de nuit était de service, mais il était de l'autre côté du navire. Les nuages masquaient la lune. Les étoiles somnolaient. C'était parfait.

Till souleva doucement l'écoutille et descendit à tâtons. Cette fois, il n'avait pas de lampe. Mais il avait apporté une barre de fer, et il se mit bientôt au travail.

CRAC ! Le son du bois qui se fendait transperça l'obscurité. On allait l'entendre, c'était certain ! Till attendit un moment, le cœur battant, craignant de percevoir des bruits de pas. Mais personne ne vint.

Il monta une première caisse sur le pont. Il en sortit deux œufs qu'il porta à ses lèvres.

– Bonne chance… murmura-t-il avant de les jeter par-dessus bord.

Leur clapotement était inaudible au milieu des vagues qui frappaient la coque ; il n'y avait rien à craindre de ce côté-là. Till sortit deux autres œufs de la caisse, puis encore deux. Cela n'allait pas assez vite, il se penchait et se relevait sans cesse. Alors il souleva la boîte et la cala entre son ventre et le bastingage pour jeter les œufs les uns après les autres, de plus en plus vite, comme s'il semait du blé. Ils volaient comme des hirondelles pour disparaître dans la nuit.

La caisse fut bientôt vide. Till la fit basculer par-dessus bord, retourna à la cale et en rapporta une autre. Puis une troisième. Une quatrième. Des centaines d'œufs flottaient sur l'eau. Il prit le cinquième caisson. Le sixième. Alors qu'il vidait le septième, il sentit une main lui saisir l'épaule et une voix siffla dans le noir :

– Qu'est-ce que tu fais, ma parole ?

– À votre avis ? répliqua Till.

– Fais pas le malin, mon garçon, grogna Flynn en secouant Till comme un prunier.

– Je fais ce qui est juste !

– Non, ricana le second, tu commets un vol, ni plus ni moins : tu es un pillard.

– Pas du tout, je libère mes frères, protesta Till en se dégageant de l'emprise de Flynn. Je refuse qu'ils soient réduits en esclavage.

– Oui ? Eh bien moi, je refuse qu'on balance mes bénéfices par-dessus bord, dit Flynn en plaquant Till contre le bastingage. Je t'avais bien dit que je ne voulais pas de fauteur de troubles ! Vous êtes tous les mêmes. Vous ne pouvez pas vous en empêcher ? Je devrais te flanquer à la mer tout de suite, tiens !

– Eh bien allez-y ! Plutôt finir noyé que naviguer à bord d'un bateau chargé d'esclaves et mené par une ordure comme vous !

Flynn explosa de rage. Il saisit Till par les jambes et le fit basculer par-dessus la rambarde. Till s'agrippa à la rampe tout en donnant de violents coups de pied. Flynn jurait et persistait. Till se tortillait et se retournait comme un poisson au bout d'une ligne. Jurons, coupures, bleus, coups… Flynn souffrait plus que Till ne souffrirait jamais. « Bien fait pour lui. Ce n'est qu'un… »

– FLYNN !

Une voix tranchante était venue mettre fin à la bagarre.

– Qu'est-ce qui se passe, ici ?

Flynn lâcha Till et se redressa. Son adversaire, pendu à la rambarde, se balançait comme une poupée. Le capitaine Kempe les regarda tour à tour et se tourna vers la caisse brisée qui était restée sur le pont.

– Je l'ai pris en flagrant délit, dit Flynn en essuyant le sang qui coulait de sa lèvre fendue. Il pillait la cargaison et la jetait par-dessus bord.

Pris de douleur, il inspira profondément.

– Et vous avez cru bon de le jeter à l'eau à son tour ? demanda le capitaine. Vous me surprenez, Flynn. D'habitude, vous jugez mieux de la valeur des choses.

Il se passa la main dans les cheveux et ordonna :

– Enfermez-le.

– Comment ? demanda Flynn, stupéfait.

– Enfermez-le. Dans la cale. Nous le vendrons au marché de Terzaride. Les clients aiment mieux qu'ils soient encore dans l'œuf, mais ils achètent aussi des jeunes sur pied.

Il tira sa pipe de sa poche et l'alluma.

Cet éclair de lumière permit à Till de voir trois hommes derrière le capitaine. Cela faisait trop d'adversaires pour continuer le combat. Il fut saisi et mené jusqu'à la cale. Là, dans le recoin le plus isolé, il vit un cachot, où on le jeta sans ménagement. Flynn fixa les barreaux avec un cadenas.

– Fais de beaux rêves, railla-t-il en s'approchant de Till.

Les marins éclatèrent de rire et, sans oublier la lanterne, ils remontèrent l'escalier et refermèrent l'écoutille.

Till était seul, sans lumière ni boisson. Il n'y avait absolument rien. Rien que la noirceur de la cale, où les caissons grinçaient sous les griffes des rats.

Chapitre 38

Les jours passèrent. Quant à savoir combien, Till n'en avait aucune idée. Les rubans de lumière qui se frayaient un chemin à travers les fentes de la coque étaient trop faibles pour le renseigner. Chaque jour, un marin lui apportait de l'eau et une poignée de biscuits et, chaque jour, Till espérait qu'on lui laisserait aussi une lampe. Mais ce n'était pas le cas et, quand l'homme remontait l'escalier, Till sentait son espoir s'évanouir avec la lumière. Il ne verrait plus le soleil jusqu'à ce que le navire accoste à Terzaride, c'était sûr et certain ; et encore, il ne le percevrait qu'à travers les barreaux d'une cage, sur le marché aux esclaves.

« Pourquoi m'arrive-t-il tant de malheurs ? ruminait-il sans cesse. Je ne suis pourtant pas méchant. J'ai ôté la vie à quelqu'un, certes, mais j'ai sauvé quelqu'un d'autre. Je fais de mon mieux. Et là, je faisais le bien. Pourquoi refusent-ils tous de le comprendre ? Satané Flynn ! Je voudrais bien les voir, lui, Kempe et tous ces sales types, se faire dévorer par une bande de requins. Des pieds aux genoux, d'abord, lentement, sans se presser. Et puis jusqu'à la taille, lentement, sans se presser… Et puis… »

– Des pirates !

La vigie avait hurlé si fort que sa voix avait traversé le pont et envahi la cale.

– Des pirates !

Le chaos et le désordre ! La cloche qui sonne, les pieds qui battent le sol, Flynn qui file, les cris de panique des marins, le chaos et le désordre ! Till crut sentir le bateau tanguer quand l'équipage s'agglutina à bâbord pour faire face à la triste vérité.

Il entendit ensuite la voix de Kempe, et les ordres tombèrent comme des grêlons. Rafale de bruits de pas : les marins couraient pour les exécuter. Grondement de roues de canons : ils mettaient les armes en position de tir. Till s'arc-bouta et attendit la première détonation. Mais rien ne vint. Un étrange silence régnait à bord. Soudain, il comprit pourquoi : la vigie avait vu le bateau pirate alors qu'il était encore fort loin, et *L'Espérance* essayait de lui échapper. Il tendit l'oreille… Oui, c'était bien cela : les vagues se brisaient sur la proue plus violemment qu'avant. Ils tentaient de s'enfuir.

Toutefois, il devint vite clair que les pirates les rattrapaient, car les chuchotements se transformèrent en murmures, puis en un véritable concert de hurlements et de cris, d'ordres et de jurons, et BOUM ! *L'Espérance* fit une embardée à tribord quand l'offensive commença.

Till fut projeté contre les barreaux. Toute la cale résonnait du bruit des chocs et des coups : *L'Espérance* ripostait aux tirs du bateau pirate en projetant de la mitraille et des boulets de canon. Ce qui devait arriver arriva. Éclair, rugissement, coup de vent terrifiant… BADABOUM ! le monde explosa : un boulet de canon traversa la coque et tomba au beau milieu du chargement.

Till fut culbuté. La cale n'était plus qu'un tas de poussière et de débris. Les caisses brisées étaient hérissées d'éclats de bois. Les œufs vinrent taper contre la cellule. Till enroula ses bras autour de sa tête et ferma les yeux. C'est alors qu'il sentit une odeur. L'odeur du feu. D'un coup d'œil à travers la poussière, il vit une flamme qui dansait juste devant lui. Elle léchait l'une des barriques. Le bois sec fuma, puis une flamme orange explosa. Et les œufs commencèrent à bouger. Tout doucement, d'abord, puis PAF ! la caisse tout entière éclata et les œufs roulèrent en tous sens.

Ils frappèrent la coque, rebondirent contre les pou-tres, glissèrent au sol. Ils se mirent à grossir. Solides comme du cuir, ils se tendirent et gonflèrent. Ici, un bras parut ; là, une jambe. La cale fut bientôt pleine de bébés qui grinçaient des dents et réclamaient à manger à grands cris.

Mais Till ne voyait qu'une seule chose : le feu. Il s'étendait de plus en plus. Il dévorait les caisses l'une après l'autre. Rien ne l'arrêtait. Le prisonnier était pris au piège. Son cachot était en métal. Le cadenas aussi. Il n'y avait pas d'échappatoire.

– À l'aide ! cria-t-il. À l'aide ! Au secours ! Venez, par pitié ! À l'aide !

Mais c'était sans espoir, il le savait. L'équipage était probablement au combat, et même si ce n'était pas le cas, personne ne l'entendrait à cause des nouveau-nés qui braillaient. D'ailleurs, pourquoi serait-on venu le tirer d'affaire ? Il ne faisait plus partie de l'équipage, mais du chargement ; et le chargement, ça ne compte pas.

Pourtant, il perçut une petite lueur. On avait ouvert l'écoutille. Quelqu'un descendait. Malgré la poussière et la fumée, il perçut la silhouette d'un homme de grande taille qui avait un trousseau de clefs à la main. Till hurla :

– Je suis là ! Par ici !

– Je vois, je vois, répondit Cambuse. Il faut juste que je trouve la clef qui convient.

Il se mit à tripatouiller la serrure du cadenas.

– On dirait bien qu'elle n'est pas dans ce lot.

– Mais c'est impossible !

– Peut-être bien, mais c'est pourtant le cas.

– Elle y est sûrement !

– Puisque je te le dis. Restons calmes, hein, il n'y a pas le feu.

– Pas le feu ! Cambuse, regardez autour de vous, bon sang ! Je suis enfermé dans une cage, et je suis en bois ! Oooh !

Les flammèches léchaient les barreaux.

– Pas de panique. Si elle est là, je la trouverai bien. Oh, zut !

Le trousseau était tombé.

– Cambuse !

Les flammes dévoraient les lames du plancher, sous les pieds de Till.

– C'est bon, je l'ai.

– La grosse, là ! La grosse !

– Oui…

La clef pénétra dans la serrure et tourna. Cambuse tira sur le cadenas, Till ouvrit d'un coup la porte du cachot et ils gravirent l'escalier en toute hâte – pour déboucher au beau milieu de la bataille.

Un brigantin, *La Sirène*, avait abordé *L'Espérance* ; son équipage massacrait celui de Kempe. Les pirates se battaient avec joie et pourfendaient l'air à grands coups de sabre. Ils brandissaient leurs épées, paraient les coups et bottaient tout en dansant comme des démons. Ils escaladaient les mâts, le couteau entre les dents, avec un vilain sourire pour ceux qui s'étaient réfugiés sur la grand-vergue. Pris au piège, ceux-ci n'avaient plus le choix : ils devaient redescendre. Plus bas, toujours plus bas, jusqu'à la mer qui allait les avaler, jusqu'aux dents acérées qui allaient les trancher vifs. Car, sentant le parfum du sang, des requins s'étaient assemblés tout près. L'eau bouillonnante était devenue cramoisie ; l'air se fendait sous les hurlements. Et, surtout, sous les cris les plus puissants : ceux de Flynn. Quand Till se pencha pardessus le bastingage, il le vit, dans l'eau, en train de lutter contre un requin. En tenant fermement son épée, il l'abattait sans cesse entre les yeux vitreux de la bête. Mais celle-ci ouvrit sa gueule comme pour sourire froidement, et le second cessa de frapper. Till se sentit ébranlé par un sentiment d'horreur profonde.

Le capitaine Kempe était mort, lui aussi. Il était là, sur le pont principal, étendu au milieu d'une flaque rouge. Sa belle chemise blanche absorbait le sang, peu à peu. Cette image devait rester gravée dans la mémoire de Till pendant bien longtemps.

Enfin, le combat cessa. L'équipage de *L'Espérance* était réduit à une douzaine de prisonniers. Deux des pirates les surveillèrent tandis que les autres maîtrisaient l'incendie de la cale. Les nouveau-nés ne leur facilitaient pas la tâche. Certains faisaient déjà leurs premiers pas. D'autres bondissaient toujours comme des boulets de canon. Mais, de toutes ces créatures, la plus agaçante était une petite fille, si pâle qu'elle paraissait presque blanche. Elle avait planté ses dents dans la jambe de l'un des pirates et refusait de lâcher prise. Si on tentait de lui faire ouvrir la bouche, elle grognait et serrait encore plus fort. Le pirate souffrait le martyre et ses supplications ne servaient à rien.

Sur la dunette, Till et Cambuse assistaient à ce triste spectacle. Soudain, Cambuse dressa l'index.

– J'ai une idée, dit-il, et il fila vers la coquerie.

Il revint peu après avec une énorme tourte à la viande de porc. Il la tendit à la petite fille pâle. Elle la renifla d'un air méfiant. Puis ses yeux s'écarquillèrent et elle tomba de la jambe du pirate comme une pomme mûre de l'arbre. Quelques instants plus tard, elle gravissait le grand mât, la tourte entre les dents, tandis que le pirate cherchait de quoi panser sa jambe percée de petits trous.

– Un vrai petit singe, celle-là, dit Cambuse en rejoignant Till. Tu peux en prendre note, je ne me trompe pas souvent.

Till était sur le point de répondre, mais il vit soudain un chapeau de velours bleu paon qui montait l'escalier. Sous ce chapeau, un foulard doré… une magnifique redingote, en velours elle aussi… un pantalon assorti… et des bottes bleues bien cirées. Le pirate monta sur le pont, se mit à l'aise, puis s'étira et bâilla aussi gracieusement qu'un chat.

– Si je ne trouve pas de quoi manger dans la minute, dit-il, je vous jure que je tuerai quelqu'un. Oh – trop tard.

Il tira de sa poche un mouchoir en dentelle et essuya le poignard taché de sang qu'il avait à la main.

– Cambuse, sauve-moi la vie, tu veux ? Va préparer mon plat préféré.

Le cuisinier sourit et répondit :

– À vos ordres, mon capitaine !

Après avoir salué, il saisit fermement Till et l'emmena avec lui.

Chapitre 39

– Cambuse, demanda Till, vous connaissez donc le capitaine des pirates ?

Dans la coquerie, ils faisaient frire du poisson pour le repas du chef.

– Mais oui ! On se connaît depuis des années, le marquis et moi.

– Il est vraiment marquis ?

– Absolument. Aussi vrai que deux et deux font quatre. M. le marquis de Renardin de la Tourbeclaire. Il est issu d'une famille très distinguée.

– Alors pourquoi est-il pirate ?

– Eh bien, disons qu'il aime bien le déguisement qui va avec. Mais il y a plus. La vérité, c'est qu'il a faim. Faim d'or. Ça le ronge de l'intérieur, comme un vilain ver. Sans lui laisser le moindre repos. Il en veut toujours plus et il est prêt à tout pour en trouver. À tout ! Il serait capable de vendre sa propre famille – d'ailleurs, il me semble qu'il a vendu une ou deux de ses sœurs… Oui, oui, c'est ça. Il me l'a dit. Depuis, sa famille le repousse.

– Mais pourquoi aurait-il vendu sa sœur ?

– Pour payer ses dettes. C'est un joueur invétéré. Fort mauvais perdant, qui plus est. Un jour, je l'ai vu couper un homme en deux, en plein milieu, après une partie de dés… Pas très réjouissant. Bon, on a fini, là ! Emportons tout ça dans sa cabine.

Les bras chargés de plateaux en équilibre, ils gagnèrent l'arrière du navire, c'est-à-dire la cabine qui avait été celle du capitaine Kempe. Till ne l'avait jamais visitée et, quand il y entra… oh ! quel luxe ! Quelle clarté, quelle richesse ! Par rapport au sordide dortoir de l'équipage, c'était le paradis. Les rayons dorés du soleil coulaient à flots à travers une haute baie vitrée. Il y avait même une cheminée !

Le marquis de Renardin, attablé, attendait son repas avec impatience. Cambuse disposa les plats devant lui.

– J'étais en train d'expliquer à Till que notre histoire remonte assez loin.

– Oh oui, pour sûr, confirma le capitaine. Ça doit bien faire dix ans. J'ai attaqué au moins cinq ou six navires dont Cambuse était le cuistot. (Il désigna une chaise libre.) Asseyez-vous donc, jeune homme.

Till se figea. S'asseoir ? Dans la cabine du capitaine ? Lui, l'éplucheur de pommes de terre ! Mais il constata avec stupéfaction que Cambuse, lui, s'était déjà installé – et qu'il se servait une part de poisson.

– Prenez place, répéta Renardin et, voyant que Cambuse l'y encourageait lui aussi d'un signe de tête, Till obéit.

– Alors, commença le capitaine en se tournant vers son cuisinier, quoi de neuf de ton côté, vieille canaille ?

Cambuse eut un sourire complice et les récits d'aventures commencèrent. Des dates, des lieux, des navires et des visages... c'étaient de véritables retrouvailles entre amis. Till aurait pu se joindre à la conversation, mais il n'avait rien à dire, lui ; de toute façon, il n'aurait pas eu le temps de placer un mot. La bouche de Cambuse et celle du capitaine ne se vidaient jamais de paroles, de poisson ni de vin – qu'ils consommaient avec une certaine largesse. Dès le premier verre, Till eut l'impression que ses jambes avaient déclaré leur indépendance. Après le second, il flottait au ras du plafond alors que la conversation tourbillonnait en dessous. Il lui sembla entendre Cambuse demander à Renardin ce qu'il comptait faire de *L'Espérance*.

– On va le saborder, répondit le capitaine des pirates. L'océan est profond, ici. Ça ira tout seul. Demain, les garçons vont le fouiller et emporter le chargement. Ensuite, on se remettra en route.

– Le navire n'est pas en très bon état, remarqua Cambuse.

– En effet. Mais même s'il était entier, on ne l'emporterait pas. Il est trop gros.

– Oui, et pas des plus rapides, en plus. Ce qu'on gagne en envergure, on le perd en vitesse.

– Exactement, acquiesça Renardin.

Il saisit une nouvelle bouteille de vin et la déboucha avant de se tourner vers Till.

– Alors comme ça, tu es un Montcendrais ?

Till atterrit sur sa chaise et considéra le capitaine d'un regard perdu.

– Oui, répondit-il, heureux que sa bouche ait réussi à prononcer une telle réplique.

– Tu es né en liberté ?

– Oui, intervint Cambuse, qui avait remarqué l'expression perplexe de Till.

– Tu es déjà allé là-bas ? reprit le capitaine.

– Non, dit Till. Non. Jamais… Mais j'espère y arriver un jour.

– Oh, c'est un lieu magnifique. Quand on est au large, la vue est splendide. Le soleil qui se lève au-dessus de la montagne, devant la forêt… C'est vraiment fabuleux. Mais il arrive que la mer soit mauvaise. Brumeuse et opaque. J'aimerais bien te promettre que nous admirerons un tel panorama, mais je ne le peux pas.

Il avala une nouvelle bouchée de poisson.

– Avec un peu de chance, tu verras quelque chose.

Till était sceptique.

– Je suis navré, monsieur, mais… je ne comprends pas.

– Non ?

– Non.

– Il ne sait pas d'où vous venez, traduisit Cambuse. C'est pour ça.

– Ma foi, tu as raison, dit le capitaine avec un petit sourire. Je vais m'expliquer.

Il beurra une tranche de pain et la découpa en petits dés.

– Montcendré, c'est une île, tu le sais certainement. Elle est entourée d'une série de petits îlots, et c'est sur l'un d'eux que se trouve notre repaire. Nous partirons dans cette direction dès demain.

Till recouvra d'un coup toute sa lucidité.

– Combien de temps cela prendra-t-il d'y aller ? demanda-t-il d'un ton qui se voulait détendu.

– Si le vent est bon, il faut compter une petite semaine.

Une petite semaine ! Till se sentit vaciller.

– Sept jours, ça passe en un clin d'œil, annonça Cambuse, tu peux me croire.

*

Quand le repas prit fin, il faisait noir. Till remonta sur le pont et vit que le gréement était illuminé de lanternes suspendues. Quelqu'un jouait de l'accordéon ; les notes flottaient dans l'air et adoucissaient le parfum de dizaines de pipes. Les pirates se prélassaient sous la lueur dorée des flammes, tout en buvant du rhum et en plaisantant. Au-dessus, la lune argentée brillait comme un ongle sur le grand dôme céleste. De douces vagues venaient caresser le navire qui flottait sur un fond d'eaux bleues.

Till s'adossa au bastingage et songea à ce qu'avait dit Cambuse. Sept jours, ça passerait en un clin d'œil. Il l'espérait. Il avait déjà commencé le compte à rebours.

Chapitre 40

Les hommes du marquis de Renardin vidèrent *L'Espérance* dès le point du jour. Haubans, cordages, ferronnerie, provisions… ils emportèrent tout. Le pillage continua tandis que le soleil traversait le ciel. Un butin incalculable passait aux mains de l'équipage de *La Sirène*. Il ne resta bientôt plus rien… rien que les « marchandises ».

Till se balançait sur le gréement quand il vit l'un des marins, un nommé Barbanvrac, sortir de la cale avec la première caisse. Il descendit en quelques secondes pour lui couper la route.

– Qu'est-ce que vous comptez faire de cette caisse ?

Barbanvrac cracha un peu du jus de sa chique.

– Ça t'regarde pas.

– J'ai décidé que ça me regardait.

Devant les poings serrés de Till, le pirate hésita et finit par répondre :

– On va charger tout ça sur *La Sirène*. Comme le reste.

– Eh bien non, figurez-vous, répliqua Till en lui arrachant la caisse des mains.

– Je te dis que si, dit Barbanvrac en la reprenant.

– Je vous dis que non, répéta Till en la reprenant à son tour. Ceci ne fait pas partie de la cargaison. C'est à moi.

Le pirate ricana.

– C'est bon, garde-la, ta caisse, mais fiche le camp. J'ai pas envie de perdre mon temps à me chamailler avec toi.

Il fit demi-tour et repartit vers la cale. Till l'apostropha :

– Où allez-vous ?

– Il y en a encore plein, là-dessous, répondit Barbanvrac par-dessus son épaule.

– N'y touchez pas ! Elles sont à moi, elles aussi.

Barbanvrac se raidit, tourna la tête et lui jeta un regard féroce.

– Tu deviens gourmand, là. J'étais prêt à te donner une caisse – faut bien se procurer de quoi lancer son commerce, quand on est jeune – mais là… Tu sais combien ça vaut, ces choses-là ?

– Vous ne les emporterez pas. Je suis prêt à me battre pour chacune d'elles.

– Alors tu vas mourir ! cria le pirate en rugissant de rire. Tu ne sais pas à qui tu te mesures.

– Je suis fort.

– Mais nous, on est nombreux. Contre toi tout seul.

– Non, il n'est pas tout seul, annonça une voix.

Barbanvrac baissa la tête. La fillette au teint pâle se tenait à ses pieds, la tête à la hauteur de son genou, et le fixait de ses petits yeux gris. Avec un sourire qui révélait ses dents en bois bien tranchantes, elle annonça :

– Je vais lutter avec lui. Et mes amis aussi.

Elle siffla et un véritable escadron parut, venu de nulle part. Ses complices sautaient du gréement. Rampaient hors de la cale. Se tortillaient pour sortir des caissons. Glissaient le long des mâts. Il y avait des dizaines de gros bébés bien dodus, armés de leurs dents et de leurs doigts.

Barbanvrac était cerné. Il piétinait, mal à l'aise.

– Qu'est-ce que tu me veux, sale gamine ?

– Je veux que vous alliez chercher le capitaine, répondit la petite. Et je ne m'appelle pas « sale gamine », mais Opaline. Notez-le bien.

Barbanvrac obéit en pestant. Quand il revint, accompagné du capitaine, ils durent se frayer un chemin au milieu d'une foule compacte : l'équipage au grand complet était venu cerner les bébés, et tout ce beau monde se chamaillait comme des poules.

Avec son élégance habituelle, le capitaine se posta au milieu de cette cohue et attendit que le silence revienne.

– Bon ! Quelqu'un aurait-il l'obligeance de m'expliquer de quoi il retourne ?

– C'est à propos des œufs, dit Till. Je les veux.

– Ils sont à nous, voyons, répondit le marquis. Nous n'attaquons pas les navires pour nous distraire, tu sais. Notre but est de nous emparer de la cargaison. Nous sommes des voleurs.

– Je le sais bien. Si *L'Espérance* transportait du vin ou de la laine, je ne m'y opposerais pas. Mais ce n'est pas le cas. Ces œufs… À vos yeux, ce ne sont que des marchandises, un butin, un bénéfice – choisissez le mot qui vous plaira. Mais, pour moi, c'est beaucoup plus que cela.

Le capitaine se pencha sur lui.

– As-tu la moindre idée de leur valeur ? Il y en a pour des millions. Les esclaves sont plus chers que tu ne l'imagines.

– Mais qui vous parle d'argent ? protesta Till. C'est de liberté qu'il s'agit !

Il déchira le couvercle du caisson qui était à ses pieds, sortit un œuf, monta sur la caisse et le brandit bien haut pour que tous les pirates puissent le voir.

– Ceci, c'est une vie. La vie de cet innocent dépend de ce que vous déciderez, ici et maintenant. Vous pouvez en faire un esclave. Vous pouvez lui donner la liberté. Cela ne dépend que de vous. Et si vous avez ce choix, c'est justement parce que vous êtes libres, vous. Vous n'êtes pas des esclaves. Vous pouvez vous mettre sous le vent et voguer où bon vous semble. Vous coucher à l'heure qui vous plaît. Manger à l'heure qui vous plaît. Et si vous êtes las de naviguer, vous pouvez rester au foyer avec votre femme, avoir des enfants et les envoyer à l'école. Eux-mêmes ne seront pas contraints de travailler tous les jours, toute la journée, pour enrichir les riches. Ils ne seront pas réduits à vivre seuls, sur une terre inconnue, sans connaître leur vraie famille – privés du moindre souvenir de cette famille.

« J'ignore qui se trouve dans cet œuf. C'est peut-être mon frère, ma sœur, ma nièce ou mon neveu. Je n'en sais rien. Mais ce que je sais, c'est qu'il y a là un peu de moi-même. Cet œuf abrite le passé et l'avenir de mon peuple. À mes yeux, il vaut plus que n'importe quelle somme d'argent. Voilà pourquoi je lutterai pour lui. Mais j'espère que ce ne sera pas nécessaire.

Il descendit du caisson. Un silence terrible s'était installé. Les pirates échangeaient des regards fugaces, sans oser dire un mot.

– Donne-moi cet œuf, ordonna le marquis de Renardin.

Till le lui tendit. Le capitaine l'examina et le caressa du bout de son doigt bagué. Il le fit sauter et le rattrapa. Il le renifla. Et soudain, il le jeta. L'œuf fila vers le ciel, de plus en plus haut, au-dessus de la tête des pirates, au-dessus du bastingage et PLOUF ! tout le monde entendit le bruit de la liberté. Le marquis dressa le poing et souleva la caisse ouverte. Il l'emporta jusqu'à la rambarde et la vida par-dessus bord.

– Apportez-m'en une autre ! ordonna-t-il.

Mais ses hommes ne lui obéirent pas, parce qu'ils ne l'écoutaient plus. Ils étaient trop occupés à descendre dans la cale. Ils voulaient tous prendre un caisson pour le vider, quitte à se disputer. À force de se tirer, pousser, taper, griffer, bousculer et culbuter les uns les autres, ils purent remonter sur le pont, au soleil, chargés chacun d'un petit trésor durement gagné. Le grand jeu commença alors. Certains les lançaient comme si c'étaient des cailloux, d'un geste vif et précis. D'autres les maintenaient en l'air un moment, puis les laissaient simplement tomber dans l'écume. D'autres encore pariaient à qui les jetterait le plus loin. Mais tous regardaient les œufs flotter vers la liberté, et aucun ne reprit ses occupations de routine avant que la réserve tout entière n'ait disparu.

Quand ce moment arriva, Till sentit que l'on tirait le bas de son pantalon. C'était Opaline.

– Parle-moi de notre peuple, demanda-t-elle.

– Qu'est-ce que tu veux savoir ?

– Tout.

Chapitre 41

Quand le capitaine ordonna à ses hommes d'abandonner l'embarcation qu'ils avaient pillée, le soleil frisait l'horizon. Les pirates passèrent par-dessus le bastingage et sautèrent sur le pont de *La Sirène*. En poussant le cabestan, on leva l'ancre, on déploya les haubans et le navire s'éloigna. Une fois à distance raisonnable, le capitaine ordonna que l'on tire au canon. Le premier boulet percuta le cœur de *L'Espérance* et ouvrit un énorme trou dans la coque. La mer s'engouffra dans cette blessure. Le bateau commença à gîter. La cloche du grand mât se mit à sonner toute seule.

Tandis qu'il regardait le galion disparaître, Till sentit que ses émotions bouillonnaient aussi violemment que les vagues. Il devait bien des souvenirs à ce navire, et ils n'étaient pas tous mauvais.

– C'était une grande dame, cette *Espérance*, dit Cambuse. Un peu vétuste, certes, mais une grande dame tout de même.

– Qu'est-ce que vous comptez faire, maintenant ?

– Oh, je vais rester avec Renardin, pour commencer. Il est de bonne compagnie. Ensuite, on verra, je trouverai bien un nouveau bateau.

– Vous retournerez en Verdurie ? À Portgalet ?

– Oh oui ! C'est mon port d'attache. J'y suis né, et j'y serai enterré, si les vagues ne m'emportent pas. Je finirai dans les prés, au-dessus de la mer, avec un petit vent doux qui viendra caresser ma pierre tombale, et une vue sur le coucher de soleil. C'est tout ce que je demande. Si un jour tu veux me joindre, c'est à Portgalet qu'il faudra chercher. Tu demanderas au Cabot cabotin, sur le quai. Ils sauront où me trouver. Et toi, qu'est-ce que tu comptes faire ?

– Je voudrais aller à Montcendré. Dès que possible. Je crois que je vais demander au capitaine de me céder une barque.

– Tu n'auras pas besoin de lui demander, avec Opaline et tous ces bambins qui traînent dans nos pattes. Il ne voudra pas d'eux sur son île, crois-moi ! Je pense qu'il en mettra le plus possible sur une barque pour les envoyer à Montcendré. Vers la pointe nord de l'île, je dirais. Il n'y a personne, dans ce coin-là ; comme ça, ils seront entre eux, tranquilles. Oh, regarde : elle coule.

Il ne restait plus rien de *L'Espérance*, rien que la pointe des mâts qui se détachait sur le fond du coucher de soleil, et Till vit ces pointes disparaître à leur tour sous les vagues. L'eau moussa quelques secondes, se calma et se remit à danser, en clapotis aux reflets dorés.

– On dit que les épaves qui sombrent dans l'océan se déplacent sur le fond marin, raconta Cambuse. Elles font des milles et des milles, jusqu'à la mer Argentique. Là, elles ne bougent plus, et ça fait comme un cimetière de navires, entouré d'une forêt d'algues qui tournent autour d'elles sans arrêt, éternellement.

– C'est vrai, cette histoire ?

Le cuisinier hocha la tête.

– Ouaah, fit Till. J'aimerais bien voir ça.

– C'est pas impossible ! Mais tu as certaines choses à faire. Certains lieux à trouver. Certaines personnes à rejoindre. Tu as donc oublié ?

Oublié ? Non. Comment l'aurait-il pu ? Depuis le moment où il en avait appris l'existence, il ne pensait plus qu'à Montcendré. Qu'il soit endormi, éveillé ou entre les deux, l'île dominait ses rêves. Désormais, elle était là, à l'horizon ; elle l'observait et l'attendait dans l'obscurité, comme un gros ours. Si proche qu'il l'entendait presque respirer.

Chapitre 42

Le voyage dura sept jours et s'avéra particulièrement rapide et agréable. Cambuse s'installa dans la coquerie et, quand Till lui proposa son aide, en se forçant un peu, il refusa gentiment :

– Je ne suis pas ingrat, mais j'ai déjà quelqu'un. Pour tout dire, il est beaucoup plus adroit et obéissant que toi. Alors oublie les casseroles sales et fais ce qui te plaira pendant le reste de la traversée.

C'est ainsi que Till devint un véritable marin, flottant entre le ciel et la mer. Curieusement, Barbanvrac devint son mentor. Il lui apprit à raccommoder les voiles, à faire des nœuds et à lessiver le pont. Cette dernière corvée était particulièrement éreintante, mais Till l'adorait. Après lui avoir fourni un balai-brosse, un seau pourvu d'une longue corde et de l'eau à profusion – la mer –, Barbanvrac lui ordonna de se mettre à la tâche. Il lui expliqua que nettoyer le pont chaque jour servait avant tout à prévenir la maladie. L'épidémie était ce que les marins redoutaient le plus, de même que le feu et la noyade – pour la plupart, ils ne savaient pas nager. Il lui montra aussi que les cordages et les câbles pouvaient être dangereux. Un homme qui s'y emberlificote risque de finir coupé en deux.

– Mais non ! s'exclama Till.

– Mais si ! répliqua Barbanvrac. J'ai vu ça une fois, de mes yeux vu. Les bras et les jambes tranchés, comme des saucissons.

– Mais non !

– Mais si ! Je ne sais pas si un cordage te sectionnerait, toi, comme un homme en chair et en os. Peut-être bien que oui, peut-être bien que non. En tout cas, je n'ai pas envie de vérifier. Tu voudrais, toi ?

– Non, m'sieur, répondit Till, la gorge serrée.

– Alors fais attention. J'ai vu périr trop de mes copains, au fil du temps. Je ne tiens pas à en voir partir un autre.

Till examina le pirate. Sa barbe, tressée d'un ruban bleu. Ses boucles d'oreilles en or, qui scintillaient derrière ses cheveux en bataille. Ses bras, où il y avait plus de tatouages que de peau nue. Cet homme-là était un aventurier. Il était allé partout. Il était prêt à tout. C'était un mélange de danger et d'audace.

– On est copains, alors ? demanda Till.

Barbanvrac hocha la tête.

– Jusqu'au jour où tu me battras aux cartes. Parce que là, je t'ouvrirai le ventre pour jeter tes boyaux aux goélands.

Il fit un clin d'œil, et Till poussa un petit soupir de soulagement.

*

Quand il ne travaillait pas avec Barbanvrac, Till étudiait les bébés en bois. C'était la première fois qu'il en rencontrait, et la rapidité de leur croissance le fascinait.

Les Grenier lui avaient raconté comment il était né, mais pour lui, ce n'était qu'une histoire entendue au coin du feu. Il n'y avait pas vraiment cru.

Il savait désormais que c'était vrai, et il s'efforçait de se rappeler précisément ce qu'il avait vu lors de l'offensive des pirates. Ce n'était pas facile. À ce moment-là, la cale était enfumée, et lui-même ne pensait qu'à sortir de sa cage. Toutefois, il se souvenait d'une chose : l'horreur qu'il avait ressentie à la vue des boules parcheminées qui roulaient par terre tout en gonflant. Ils étaient... reptiliens. Des petites choses horribles, cauchemardesques. Dire qu'il avait lui aussi commencé sa vie de cette façon... Beurk !

Heureusement, les bébés étaient charmants. À la fois intrépides et curieux, robustes et vifs. Ils ne pleuraient jamais, n'avaient jamais mal. Till fut stupéfait de voir l'un d'eux sauter d'un mât, la tête la première, pour atterrir sur le pont et se lever après avoir rebondi – puis reprendre la longue ascension, tout sourire, afin de recommencer. Œil-de-Jais, c'était le plus audacieux de tous. Comme Opaline, la petite fille toute pâle, il était facilement reconnaissable. Il devait son nom à l'un de ses yeux, qui était d'un noir profond et non du brun habituel.

Contrairement à Till, les pirates trouvaient que les bébés ne causaient que des ennuis. Ils furetaient dans tous les coins, mâchouillaient tout ce qu'ils trouvaient, traînaient sans cesse dans les pattes des marins. Quand ils avaient faim, ils braillaient, et ils avalaient ensuite de telles portions de nourriture que Cambuse avait peur de se trouver à court de provisions avant d'accoster. Mais, curieusement, ce fut un requin qui permit de résoudre le problème. En effet, quelques membres de l'équipage avaient tué d'un coup de lance et hissé sur le pont un requin qui suivait le bateau. Quand ils revinrent sur place, un peu plus tard, ils n'y trouvèrent que des arêtes et une montagne de bébés endormis, le souffle lourd de sang et les dents tachées de chair fraîche.

Cambuse était ravi.

– Ça me fait du travail en moins. Ces petits goinfres n'apprécient pas mon emploi subtil des épices. Désormais, ils mangeront du poisson cru.

C'est ainsi que les réserves de nourriture furent réservées à ceux qui ne pouvaient s'en passer. Et les pirates ne donnèrent jamais plus le moindre coup de pied aux bébés qui passaient par là.

Chapitre 43

Le marquis de Renardin avait dit vrai. Quand on était en mer, la vue était magnifique. Au matin du septième jour, Till se leva à l'aube et monta sur le pont. Il s'assit, tout en maudissant la brume qui refusait de s'estomper et filtrait les premiers rayons du soleil : citron, doré, orangé. Soudain, comme par miracle, elle s'éclaircit et Till put voir une montagne couverte d'un chapeau de neige, d'une beauté à couper le souffle, cernée par une forêt : Montcendré.

Le sommet dominait toute l'île qui lui devait son nom. À une telle distance, le port qui se blottissait au pied n'était pas plus gros que l'ongle du pouce de Till, alors que la cime était aussi haute que deux mains. Mais Till savait que Kessel, la cité portuaire, était florissante et comptait des milliers d'habitants. Ce n'était pas un village de pêcheurs. Elle en avait l'air, mais c'était à cause de l'immensité du paysage qui lui servait de toile de fond.

La Sirène vira vers le nord pour contourner l'île tandis que le soleil montait derrière le pic grisâtre – et Till s'aperçut qu'il tremblait. Un désir presque douloureux le faisait frémir. Le vent chuchotait, il l'entendait avec son cœur aussi nettement qu'il percevait le cri des mouettes au-dessus de lui. L'île lui annonçait qu'il était arrivé chez lui.

*

Le repaire des pirates se trouvait sur un îlot minuscule, au nord-est de Montcendré. Tandis que *La Sirène* s'en approchait, les macareux qui étaient posés sur les rochers s'envolèrent pour l'accompagner. Des goélands virevoltaient non loin, en attendant les déchets qui ne tarderaient pas à être jetés à la mer. Au grand étonnement de Till, des femmes et des enfants apparurent sur l'embarcadère qui surplombait la mer. Des épouses ! Des familles ! Personne n'y avait fait allusion.

On jeta l'ancre, on descendit les chaloupes, on rama pour rejoindre la terre ferme, et les retrouvailles commencèrent. Les hommes allèrent prendre un bain et se raser, pendant que les femmes cuisinaient et emmenaient leurs plats jusqu'à la plage. Les enfants préparèrent des feux de joie et astiquèrent les lanternes. Quand la nuit vint, tout était prêt. Ce ne fut que chants et danse, régals et pitreries, récits et embrassades... sous un ciel parsemé d'étoiles.

Till se prélassait sur la jetée quand Renardin vint le trouver.

– Je sais que tu tiens à suivre ton chemin, dit-il, mais il va nous falloir une bonne journée pour décharger le bateau. Vous pourrez nous emprunter les chaloupes, mais pas avant après-demain. Mes hommes vous déposeront, toi, Opaline et tous les petits, sur la côte nord de Montcendré. Ensuite, ils reviendront ici. Ça te va ?

– C'est parfait, dit Till. C'est... absolument parfait !

Chapitre 44

Le jour du départ arriva, accompagné d'une pluie battante et d'un vent glacial. Quand Till alla trouver Barbanvrac et Cambuse pour la dernière fois, il ressentit une vieille douleur déjà éprouvée. « C'est donc ça, devenir adulte ? Se séparer encore et encore, faire ses adieux ? Est-ce qu'un jour, il en sera autrement ? »

Il retourna ensuite à la plage et se fit une place à bord de la chaloupe entre Œil-de-Jais et un autre bébé. Ils n'avaient que dix jours, mais ils étaient aussi grands que des enfants de cinq ans, et ils le poussèrent pour rester à l'aise, comme des coucous dans leur nid.

Opaline était dans le navire voisin. Till voyait ses yeux brillants, aussi pâles que des perles. Elle lui fit un signe en souriant.

Le bateau fut poussé vers les vagues. Les pirates avaient commencé à ramer. La plage reculait. Barbanvrac et Cambuse agitaient la main. Till partait.

Après un dernier geste d'adieu, il se retourna. « Mieux vaut penser à l'avenir qu'au passé. » Mais que lui réservait l'avenir ? Il n'en savait rien.

Il était si profondément perdu dans ses pensées que le voyage prit fin avant qu'il ne s'en rende compte. Quand il revint soudain à lui, il vit une plage. Longue et étroite, couverte de sable noir et bordée d'une forêt. Une forêt sans fin.

La barque accosta en grinçant. Les pirates mirent pied à terre et l'amarrèrent, puis les passagers débarquèrent à leur tour. Seul Till resta à bord. Il avait accompli un si long voyage, attendu cet instant si longtemps. Et voilà qu'il était arrivé…

L'un des pirates lui tendit la main. Till inspira profondément et accepta son aide. Il descendit et posa un pied sur la grève.

Ça y était. Il était chez lui.

Cinquième partie

Chapitre 45

– À TON AVIS, IL ME FAUDRAIT COMBIEN DE TEMPS POUR traverser toute cette île à pied ?

– Je ne sais pas.

– Devine.

Assis sur la plage noire, Till et Opaline jetaient des galets dans les vaguelettes. Il ne pleuvait plus ; un soleil timide avait paru derrière les nuages. Sous la chaleur montante, tout était rincé de frais.

Opaline réfléchit un moment.

– En suivant une ligne droite tracée au milieu, je dirais… deux semaines.

– Oui. C'est bien ce que je pensais, approuva Till.

– C'est ce que tu comptes faire ? Parcourir toute l'île ?

– Non. Enfin, peut-être que si. Je n'ai rien décidé. Je veux retrouver ma famille – ma famille de naissance, la vraie –, mais je ne sais pas où aller. Et je ne sais pas qui chercher. Je ne connais même pas mon nom.

Opaline haussa les épaules.

– Quelle importance ? Qu'est-ce que ça peut te faire, de retrouver ta famille ?

– Je veux remettre les choses à leur place. J'ai été volé à mes parents par des marchands d'esclaves. Je veux que mon père et ma mère sachent que j'ai survécu. Et je veux aussi savoir qui ils sont. Ils font partie de moi. Il me manque un élément. Je veux me sentir entier. Complet. En paix.

– Je n'ai pas l'impression qu'il me manque quelque chose, moi, dit Opaline. Pourtant, je suis dans la même situation que toi.

– Non, mais tu es encore très jeune. Ce sentiment-là vient avec le temps. On croise des gens en famille. On a des amis qui ont des frères, des sœurs. On se pose des questions. D'ailleurs, qu'est-ce que tu comptes faire, toi ?

– Rester ici. M'installer. Grandir. Comme ça, je saurai ce qu'on doit faire.

– On ? Tu veux dire les autres ? Vous allez vivre ici tous ensemble ?

– Oui.

– Tu en es sûre ?

– Oui.

Till la regarda de près et vit qu'elle disait vrai.

– Prends bien soin de toi, lui dit-il en se levant.

– Toi aussi.

Opaline afficha un petit sourire chaleureux et enfantin. Mais son regard était plus dur, plus froid que les rochers de la plage et, en cet instant, Till aurait préféré embrasser un loup plutôt que cette étrange fille en bois, si pâle.

Alors il s'éloigna, remonta la grève jusqu'à l'orée de la forêt et se retourna pour jeter un dernier regard derrière lui. Opaline était restée assise où il l'avait laissée, entre le vent et les vagues. Il se remit face à la forêt, ce monde silencieux partagé entre le soleil et les ombres, la mousse et les fougères.

– Que la recherche commence, déclara-t-il.

Et il fit un grand pas en avant.

Chapitre 46

En s'enfonçant dans la forêt, Till se demanda pourquoi elle lui semblait si familière. Il avait grandi à l'abri du bois de Fougeray, bien sûr, mais son impression était plus profonde. D'ailleurs, le bois de Fougeray était différent. Il grouillait de vie. La moindre feuille y abritait un insecte ; le moindre arbre, un oiseau. On pouvait y cueillir des fleurs et y récolter des fruits. En revanche, ce bois inconnu était une véritable friche. Mais ce grand vide avait quelque chose d'étonnamment réconfortant.

Pendant les premières heures, il bondit entre les arbres. Il avait passé si longtemps en mer qu'il avait oublié le plaisir de marcher. De sentir la terre sous ses pieds. Mais, à mesure que le temps filait, il commença à s'inquiéter. Quelle surface cette forêt couvrait-elle donc ? Était-il en train d'en sortir, ou de s'y enfoncer ? Était-il perdu ? Comment allait-il survivre ? Il n'y avait rien à manger. Pas la moindre noisette ni la moindre baie. Rien.

Il poursuivit son chemin mais, à chaque pas, le bois devenait plus touffu. La nuit tombait et, sans lumière, Till ne pourrait que se perdre. Il était temps de faire halte.

Il se roula en boule au pied d'un pin et regarda les arbres. L'obscurité descendait peu à peu, en silence, comme un clan de chevreuils. Bientôt, il ne vit plus rien – pas même ses bottes. Curieusement, cette obscurité était accompagnée de sons. La forêt avait semblé sans vie toute la journée, mais désormais... Des sabots invisibles piétinaient le sol. Des groins fouissaient la terre. Des hiboux volaient si bas que Till sentait le battement de leurs ailes. Des cris résonnaient dans les ténèbres tandis que les serres s'abattaient sur la fourrure des proies.

Il se mit à pleuvoir. Les gouttes d'eau ruisselaient sur les feuilles. Elles roulèrent jusqu'au sol – plop, plop, plop – avec un bruit régulier de mécanisme d'horlogerie. C'est au son de cette berceuse que Till s'endormit.

*

Au matin, la pluie avait cessé. Till s'aperçut qu'un cercle de champignons avait poussé autour de lui, et il put s'en régaler. Ensuite, il alla boire à la source la plus proche et reprit son chemin.

Il vit que les taches de soleil devenaient peu à peu des disques de lumière. La forêt était de moins en moins épaisse. Soudain, il déboucha sur une clairière couronnée d'un ciel sans nuages ; au centre, il y avait une maison. Une maisonnette, plutôt, un cabanon branlant avec un toit en tôle, une petite cheminée et des dizaines de casseroles et de poêles suspendues à l'avant-toit. Et devant, un homme – un rétameur qui nettoyait des couteaux.

Il leva la tête et fit un signe de la main.

– Bien le bonjour !

Il invita Till à s'approcher encore.

– Belle journée, n'est-ce pas ?

– Oui, répondit Till sans bouger.

– J'allais mettre de l'eau à chauffer, justement. Tu prendras bien un petit thé ?

Il posa son couteau.

– J'ai déjà déjeuné, tu sais, je ne vais pas te manger. Et il me reste du gâteau ! Viens donc. Je vois bien que ça te tente.

Il pencha la tête, comme un rouge-gorge, et fit un petit sourire malicieux.

– Je vous remercie, dit enfin Till. C'est très gentil.

Le rétameur disparut dans sa maison, où Till le rejoignit. Il n'y avait qu'une pièce ; sur le sol en terre battue étaient disposés une table, deux chaises bien raides, un fauteuil, un placard, un lit défait et un petit poêle.

– Assieds-toi. Fais comme chez toi.

L'homme puisa de l'eau dans un seau, près de la porte, remplit la bouilloire et la posa sur le poêle.

– Moi, c'est Figuier, qu'on m'appelle. Et toi ?

– Till Brindille.

– Ah oui ? Ça c'est un chouette nom, dis donc !

Il sortit du placard un pain d'épice aux fruits rouges.

– C'est fait maison.

Alors que Figuier coupait de fines tranches, Till lui saisit le bras.

– Vous êtes en bois !

– Oui. Toi aussi, voyons. Qu'est-ce qui te prend ?

– Mais vous êtes un homme !

– Ma foi, la dernière fois que j'ai vérifié, c'était encore le cas, oui. Tu sais que tu m'inquiètes ?

– C'est la première fois que je vois un homme en bois.

Figuier s'assit et dévisagea Till.

– Mais qu'est-ce que tu racontes ! ? Nous sommes sur une île habitée par les gens de bois !

– Oh, c'est une longue histoire…

– J'ai tout mon temps, dit Figuier.

– Vous n'avez pas envie d'entendre ça.

– Si. Seulement, il va falloir que j'aie ma théière à portée de main, alors donne-moi juste le temps d'aller la chercher.

Il prépara le thé et apporta deux tasses. Il beurra les tranches de pain d'épice et sortit deux assiettes. Il tira sa chaise et s'y installa confortablement.

– Vas-y, dit-il, je t'écoute.

Alors Till lui raconta son histoire. Pompedouve, Bourg-Dezinc, le cirque, *L'Espérance*… Figuier l'écoutait comme un enfant et, quand ce fut fini, il eut du mal à retrouver la parole.

– Eh bien… Ça, c'est… C'est une sacrée odyssée ! Oui alors ! Et ce qui me plaît bien, tu sais quoi, c'est qu'elle n'est pas finie. Tu dois encore retrouver ta famille.

– C'est vrai. Mais je ne sais pas comment faire. Je ne sais pas qui je cherche.

– Donne ta main.

– Hein ?

– Donne-moi ta main. Mais non, pas comme ça… (Il dressa sa paume bien droite, face au garçon.) Comme ceci.

Till l'imita et Figuier avança sa propre main jusqu'à ce que leurs doigts se touchent. Till sursauta. Les doigts de son hôte le picotaient. C'était une sensation étrange : ni agréable ni désagréable, mais plutôt les deux à la fois. Till se dit que les piqûres d'ortie devaient ressembler à cette sensation.

Figuier retira sa main et examina celle de son invité.

– Tu n'es pas de ma famille, annonça-t-il.

– Comment ça ?

– Regarde ta main.

Till obéit. Les stries qui couraient sur sa paume étaient luisantes. Ces lignes, d'ordinaire à peine visibles, dessinaient maintenant une véritable carte géographique, tout en volutes et arabesques.

– Bon, maintenant, regarde la mienne. Qu'est-ce que tu vois ?

– La même chose. Tous les traits et les sillons sont apparents, comme si on venait de les badigeonner de peinture.

– Quelle couleur le peintre a-t-il employée ?

– Du brun doré, dit Till après avoir regardé de plus près.

– Exactement. Si tu étais un Figuier, comme moi, les traits seraient verts.

– Et ça veut dire que je n'appartiens pas à votre famille ?

– Plus que ça. Tu n'es pas de mon clan.

– Je ne comprends pas.

– Je m'en serais douté, répliqua Figuier, vu que tu débarques ici sans rien savoir ! Il faut que je t'explique. Tu veux bien ?

Till hocha la tête.

– Bon. Voyons voir... Il y a très, très longtemps, les Anciens sont apparus. Sortis de la terre, ils ont grandi et se sont accouplés. Mais comme ils étaient neuf, l'un d'eux est resté tout seul, et cela a entraîné toutes sortes de complications, tu imagines ! En tout cas, ils ont réussi à résoudre le problème, fort heureusement. Voici où je veux en venir : tous les Montcendrais descendent de l'un de ces neuf Anciens. Ils sont donc répartis entre neuf clans. Tous ceux de la lignée de Fig, comme moi, sont des Figuier. Ceux dont l'ancêtre est Pel forment le clan des Pellan, et ainsi de suite. Comme tu n'es pas un Figuier, tu es issu de l'une des huit autres lignées.

– Et vous pouvez dire de quel clan vous êtes en observant les lignes de votre main ?

– Oui. Il y a neuf motifs différents.

– J'ai une question, reprit Till. Vous dites que nous descendons tous d'un Ancien mais en vérité, il faudrait dire de deux Anciens, non ? Un père et une mère. Pourquoi n'y a-t-il qu'un seul dessin dans nos mains, et non deux ?

– C'est une question très intelligente ; aussi intelligente qu'insoluble. Regardons les choses autrement. Imagine le ciel. Le soleil brille. Tu le vois, bon. Soudain, un nuage arrive et le cache. Où est le soleil ?

– Il est toujours là, voyons. Derrière le nuage.

– Exactement. Il n'a pas bougé. Toujours aussi puissant. Seulement, tu ne le vois plus. Eh bien, c'est la même chose avec les motifs gravés sur nos mains. La marque de l'un des Anciens vient recouvrir celle de l'autre, comme le nuage qui cache le soleil. Ce qui fait que, même si les descendants étaient marqués de deux motifs, on n'en verrait jamais qu'un seul. C'est bien organisé, tout ça. Par exemple, le motif de Fig a recouvert celui de Pel, mais celui de Pel a couvert celui de Kip. Tu vois ce que je veux dire ? C'est ce système qui a permis aux neuf motifs de perdurer.

Till réfléchit un instant et demanda :

– Donc, si un… Figuier se marie avec une… Pellan… et qu'ils ont un enfant… l'enfant sera… un Figuier ! C'est ça ?

– Non.

– Non ? Mais voyons, puisque le motif des Fig recouvre celui des Pel – vous venez de le dire !

Figuier secoua la tête.

– Tu as raison, en théorie. Mais… c'est plus compliqué que ça ! Les Anciens ont eu des enfants, bon. Qui ont eu des enfants à leur tour. Pendant des centaines, non, des milliers d'années, des gens issus de clans différents se sont mariés et ont eu des enfants. Mais il est ensuite arrivé quelque chose d'étrange : les œufs ont cessé d'éclore. Enfin, pas tous. Quand un œuf provenait de parents appartenant au même clan, tout allait bien. Il pouvait éclore. Mais, si le père était issu d'un clan et la mère d'un autre, l'œuf restait stérile. Personne n'a compris pourquoi. C'est une véritable calamité. C'est venu comme ça, une nuit, s'abattre sur notre terre et ça dure. Désormais, si on veut avoir des enfants, il faut épouser un membre de son clan.

– C'est affreux, dit Till.

– Oui. Mais ça va te faciliter la tâche.

– Pourquoi donc ?

– Parce que tu n'auras besoin d'étudier que les gens issus d'un clan bien précis. Réfléchis ! Supposons que tu sois un Kippan – cela signifie que ta mère et ton père sont tous les deux des Kippan. Tes grands-parents aussi. De même que tes frères et sœurs. Tu peux donc mettre de côté…

– Tous ceux qui appartiennent à un autre clan !

Figuier sourit.

– Tu as saisi ! Dis donc, tu veux bien remettre de l'eau à chauffer ? Il faut que je sorte.

Et il fila au jardin.

Till emplit la bouilloire et la posa sur le poêle. Figuier lui avait donné de quoi réfléchir un moment ! Mais il y avait encore quelque chose… Quand le rétameur revint en reboutonnant son pantalon, il lui demanda :

– Figuier ? Comment trouver ma famille, si je ne connais pas son nom ?

– C'est impossible.

Till se figea sur place. Le toit de la maison s'était comme envolé… Dans le ciel, une main énorme brandissait un marteau… qui descendit et lui frappa la tête.

– Je ne peux pas retrouver ma famille ?

– Non, expliqua Figuier en versant une nouvelle tasse de thé. Mais tu pourras retrouver ta mère, ça oui. Avec un peu de chance, elle ne vit pas seule.

Till se laissa retomber sur sa chaise. Décidément, Figuier enchaînait les énigmes.

– Je t'ai fait un peu peur, là, non ? Tiens, prends un thé.

Till accepta la tasse qu'il lui tendait et la vida d'un trait.

– Et ma mère, comment vais-je la trouver ?

– Grâce à ta main. Rappelle-toi : si les stries deviennent brun doré, c'est que la personne en face de toi appartient à un autre clan. Si elles deviennent vertes, c'est qu'elle est de ton clan. Et si elles tournent au noir, alors c'est qu'il s'agit de ta mère.

– C'est donc si simple ?

Figuier hocha la tête.

– Ça alors…

Chapitre 47

Till fut réveillé par le tintement des casseroles et le parfum du porridge.

– Le petit déjeuner est servi ! annonça Figuier en pelletant de copieuses cuillerées dans deux bols. Au sucre ou au miel ?

– Au miel, s'il vous plaît.

Figuier sortit un pot en terre de son placard.

– Ça vient de mes abeilles, ça, dit-il en le brandissant comme un trophée. Il n'y a rien de meilleur.

Il ouvrit le pot et la salle fut envahie d'un riche parfum de trèfle.

– Bien dormi ?

– Je ne sais pas, répondit Till en le rejoignant à table. J'ai fait de drôles de rêves et je me sens toujours aussi fatigué. Mais quand je me mettrai en marche, ça ira mieux, j'en suis sûr.

– Alors tu reprends la route ?

– Oui. Ça ne vous ennuie pas ? J'aimerais bien rester avec vous, sincèrement. Je pourrais apprendre encore beaucoup de choses. Mais il faut que je m'en aille.

– Bien sûr, dit Figuier. Tu es un aventurier, je le vois bien. Pas comme moi ! Je vais en ville pour vendre mes casseroles, et c'est à peu près tout ! J'aime bien mon fauteuil, ma bouilloire et mon petit confort.

– Je voudrais tout de même vous poser une dernière question, avant de partir.

– Oh non, on ne va pas remettre ça ! Si tu me laisses faire, je vais tant parler que je m'userai la langue !

– Ce n'est qu'une petite chose. Est-ce que tous les membres de votre clan s'appellent Figuier ?

– Non. On ne s'y retrouverait plus ! Si je m'appelle comme ça, c'est parce que j'étais le seul descendant de cette lignée, dans mon école. C'était un surnom, en quelque sorte, et c'est resté.

– Ah, je vois. Je me demandais, aussi.

– C'est ça qui me plaît, chez toi. Tu t'interroges sans cesse. Certaines personnes regardent sans jamais rien voir. Et écoutent sans jamais rien entendre. Elles en arrivent à tout accepter sans se poser de questions. Mais avec toi, il y a toujours un pourquoi. Et un quand, un où, un quoi et un qui ! Ce qui change tout, c'est ce pourquoi. Quand tu seras fatigué, il te portera sur ses épaules. Quand tu auras faim, il s'installera dans ton ventre. Quand tu seras perdu, il brillera dans l'obscurité comme une lanterne. Il t'emmènera aussi loin qu'il le faudra… Tu veux emporter de quoi manger ?

– Oui, je veux bien. Merci.

Une fois pourvu de sandwichs au fromage et au chutney, Till reprit la route. Figuier lui fit un signe d'adieu en lui souhaitant bonne chance et, quand Till lui promit de revenir le voir, il était sincère.

– Si tous les Montcendrais sont comme Figuier, ce sera facile, se dit-il en pénétrant une nouvelle fois dans la forêt obscure.

Mais ce n'était pas le cas. Loin de là.

Chapitre 48

La première chose qu'il remarqua en quittant enfin la forêt, ce ne fut ni la rivière, ni la route, ni les champs de blé frémissants. Ce fut la ferme. Elle était tout en longueur, avec un toit rouge et une cheminée qui toussait. Cette vue suffit à le revigorer et, le sourire aux lèvres, il fila droit vers la bâtisse.

Mais il ne l'atteignit pas. Un homme parut dans la cour en criant des mots inintelligibles ; trois énormes chiens sortirent à leur tour et rejoignirent leur maître en courant. Till s'immobilisa. Il ne savait plus quoi faire. Les choses allaient trop vite pour qu'il ait le temps de réfléchir. Ils n'allaient quand même pas…

– Aïe !

Les chiens bondirent vers lui comme un monstre à trois têtes et le culbutèrent en un instant. Étalé par terre, il se débattait contre les bêtes qui le piétinaient : c'était un tourbillon de poils et de muscles, de ventres et de pattes, de langues et d'haleines, de museaux et de mâchoires. Les chiens s'efforçaient de le mordre en grondant. Le secouaient comme un mouton. Plantaient leurs crocs dans ses membres. Rivés à lui comme des sangsues, deux d'entre eux lui mordaient les bras, et le troisième le tenait par la jambe. Till ne souffrait pas, mais il était choqué et stupéfait. Pourquoi le fermier avait-il lancé ses bêtes à ses trousses ? Dans quel but ? Il n'avait rien fait de mal.

À cette idée, sa surprise se transforma en colère. Il gonfla ses poumons. Serra les poings. Rassembla ses forces. Tendit ses muscles. Et donna le plus puissant coup de pied qu'il eût jamais décoché. PAF ! Le premier chien partit dans les airs pour atterrir sur un sac de pommes de terre. Till se releva lentement. BOUM ! Il étendit le bras et la seconde bête, après un petit vol en arc de cercle, toucha terre avec un petit cri pitoyable. BANG ! D'un nouveau coup de poing, il fit rouler le dernier assaillant dans l'herbe jusqu'à la clôture, où il se transforma en masse informe.

– Allez ! cria-t-il en leur faisant signe de le rejoindre. À l'assaut, bande de corniauds crasseux ! Qu'est-ce que vous attendez ?

Les chiens le regardaient, la gueule entrouverte, en émettant un vague gémissement essoufflé. Il fit un pas vers l'un d'eux ; l'animal baissa la tête et recula lentement pour se mettre en sécurité, tout en observant Till du coin de l'œil. Quand il jugea qu'il était assez loin, il fila à toute vitesse, la queue entre les pattes, bientôt suivi de ses deux compères.

– Poules mouillées, railla Till.

Et il reprit son chemin.

*

Il ne reçut pas meilleur accueil à la ferme suivante. Sans aller jusqu'à lancer ses molosses contre lui, le paysan le menaça. À la troisième ferme, ce fut la femme qui lui jeta des pierres, tout en encourageant ses enfants à l'imiter.

Il était sur le point de perdre tout espoir de trouver refuge chez quelqu'un de plus avenant quand il rencontra Pivoine Bannière.

Elle était en train de déplier un immense coupon de tissu bleu dans son jardin. En voyant Till, elle lui sourit. Un crabe doré était cousu sur la toile qu'elle tendait ; c'était une créature impressionnante, dont les pinces auraient suffi pour saisir un garçon tout entier. Sous le regard de Till, la dame sortit d'une boîte une étoile argentée qu'elle épingla entre les pinces du crabe.

– Voilà, je crois que c'est bien comme ça.

Elle tendit la main vers son nécessaire à ouvrage.

– Il y a de la citronnade fraîche sous le porche, si ça te tente, dit-elle en enfilant son aiguille. Tu me tiendras compagnie pendant que je couds.

Till se servit un verre et la rejoignit dans le jardin. Quelques minutes plus tard, ils bavardaient comme de vieux amis. Apprenant qu'il n'était pas natif de l'île, Pivoine lui expliqua en quoi consistait son travail.

– Les habitants de Montcendré adorent les drapeaux. Chaque clan, chaque famille a le sien, de même que chaque ville ou village... Tout le monde ! Certains sont ornés de motifs très complexes. Les gens veulent des symboles, et non de simples rayures. Soleil, lune, demi-lune, feuilles, coquillages, étoiles... C'est moi qui les crée. Voilà, c'est fini !

Elle coupa le bout du fil, rangea son aiguille et plia le drapeau.

– Je gagne de quoi vivre. C'est modeste, mais ça me suffit. Personne n'est riche, à Montcendré. Même les fermiers ont du mal à s'en tirer. Tu ne vas pas me croire, mais...

Pivoine parlait, parlait, parlait sans s'arrêter. Till ne l'écoutait pas vraiment. Le son de sa voix lui suffisait. Cela le berçait. Le réconfortait. Il n'avait pas du tout envie de reprendre la route. Il se sentait chez lui.

Non. Ce n'était pas possible.

Soudain, il la dévisagea. Elle semblait avoir l'âge qu'il fallait. Sa peau était exactement du même ton. Il examina les cheveux de Pivoine… ses yeux… vérifia sa taille. Il en avait mal à la tête et oubliait presque de respirer. Cette voix… ce sourire…

– Vous êtes de quel clan ? demanda-t-il tout à trac.

Pivoine s'immobilisa en pleine action et le regarda à son tour.

– Eddar, dit-elle. Pourquoi cette question ?

– Je ne sais pas de quel clan je suis, moi.

– Oh, mon pauvre petit, tu es déraciné !

Elle laissa tomber le drapeau, se précipita vers lui et le serra dans ses bras.

– On va vérifier ça, dit-elle en tendant la main.

Till inspira profondément et fit de même.

Les picotements lui remontaient tout le long du bras. Pivoine avait fermé les yeux. Elle souriait. Mais elle retira enfin sa main et annonça :

– Tu n'es pas un Eddar.

– Non… confirma Till.

Sa paume était marron. Il entendait encore Rubek lui expliquer : « Pas une histoire. Pas un conte. Pour quelques-uns, ça ne finit pas bien. Pour toi non plus, peut-être. »

Il comprit soudain que Rubek disait vrai.

Chapitre 49

Pivoine se faisait du mouron pour son invité. Depuis qu'ils avaient collé leurs mains l'une contre l'autre, il avait à peine parlé. Elle l'avait convié à rester dîner et à passer la nuit chez elle, ce qu'il avait accepté. Mais il restait muet. Trop silencieux pour un garçon de son âge.

– Ça n'a pas d'importance, tu sais – que tu ne sois pas un Eddar. Tous les clans se valent.

– Je sais, dit Till.

Il grimaça pour ne pas pleurer. Mais sans succès. Ses épaules se soulevèrent et, dans un sinistre grognement, les larmes arrivèrent, lourdes et salées ; elles roulèrent tout le long de son nez avant d'atterrir sur la table.

– Désolé, dit-il, je suis désolé. Je ne suis qu'un pleurnichard.

– Ne t'en fais donc pas. Laisse-toi aller et pleure un bon coup. Quand ce sera passé, tu m'expliqueras ce qui ne va pas. Enfin, si tu veux bien.

Oui, Till voulait bien. Il lui raconta tout et se sentit soulagé.

– Je vais avoir encore plus de mal à retrouver ma famille, si les gens sont agressifs. Il n'y a même pas moyen de leur dire bonjour.

– Ils ne sont pas agressifs – ils ont peur. Les marchands d'esclaves sont venus fouiner dans la région, la semaine dernière.

– Non !

– Mais si. Ma voisine les a vus. Il y en avait toute une troupe, ils allaient vers l'est. Selon elle, ils tiraient une remorque pleine de caisses.

– Peut-être, mais je suis seul, moi, protesta Till. Et puis regardez-moi : est-ce que j'ai l'air d'un esclavagiste ? Je ne suis qu'un jeune garçon. Un jeune garçon en bois !

– Parfois, les trafiquants recrutent des jeunes pour leur ouvrir la voie. Quant au fait que tu sois en bois, ça... J'ai honte de le dire, mais certains marchands sont en bois, eux aussi. Alors les gens ont peur. Tu comprends ça, n'est-ce pas ? Ils ne font confiance à personne, en ce moment.

– Et vous ? Vous m'avez fait confiance, vous.

– Je n'ai pas d'œufs.

Un silence pesant s'installa dans la pièce. Pivoine se mit à jouer nerveusement avec sa cuiller. Elle était aussi pâle qu'une plaine sous le givre.

– J'ai épousé un Kippan, dit-elle enfin. Alors nous n'avons pas d'enfants.

– Où est-il ?

– Il est mort.

Till s'en voulut d'avoir posé la question.

– Dans un incendie.

– Ah bon ?

Pivoine lui lança un regard bizarre, à tel point qu'il eut honte de l'avoir interrogée avec tant de curiosité. Mais il voulait tant en savoir plus ! D'ailleurs, cette question lui était déjà venue quand il était face à Figuier : de quoi meurent les Montcendrais ? Et à quel âge ? Au moins, il avait appris quelque chose : le feu pouvait leur être fatal, comme il s'en doutait. Il aurait bien voulu insister un peu ! Mais, devant l'expression douloureuse de Figuier, il y renonça et décida de changer de sujet.

– Ce qui m'inquiète vraiment, c'est la taille de cette île. Je ne sais pas où commencer mes recherches. Ma famille pourrait être dans n'importe quel coin.

– C'est juste. Mais il est probable qu'elle réside plutôt dans la péninsule du sud.

Till fut soulagé de la voir moins tendue. Elle alla ouvrir un tiroir dans la cuisine et revint avec un crayon et un papier. Elle se mit à dessiner.

– Ça, c'est notre île. Nous sommes ici. (Elle traça un repère au milieu de l'île, en haut.) Montcendré, c'est là. (Elle dessina la montagne à mi-chemin sur la côte ouest.) Et voici Kessel.

– J'ai vu Kessel ! Avant d'accoster !

– C'est normal. C'est notre plus grande ville. On ne peut pas la rater. Tu te souviens de l'étendard que je viens de coudre, avec un crabe et une étoile ? C'est celui de Kessel. Il est destiné au port. Ils mettent toujours un drapeau au bout du quai d'embarquement, mais le vent souffle si fort, là-bas, qu'ils doivent le renouveler presque tous les ans. Bref, Kessel, le plus grand port, se trouve ici. Mais les marchands d'esclaves ont un point de ralliement autour d'un autre port, à la pointe de l'Écume. Cela se trouve… ici, sur la péninsule. C'est dans ce coin-là, dans le sud-est, qu'ils mènent la plupart de leurs activités. À ta place, c'est là que j'irais.

– Mais il doit y avoir des milliers de femmes qui habitent là-bas. Même si les gens sont accueillants…

– C'est le cas ! Crois-moi ! La terreur qui règne en ce moment n'est que passagère.

– Je ne pourrai jamais aller coller ma main sur celle de milliers de femmes que je ne connais pas ! Je vais passer pour un fou.

– Il faudra faire usage de ton charme ! Tu papoteras gentiment. Les Montcendrais sont très bavards. Tu leur diras que tu es en visite et que tu cherches des membres de ton clan. Cela n'a rien d'ahurissant. Quand tu sauras de quel clan tu es issu, tu n'auras plus qu'à dire : « Je suis un Kippan – ou autre chose – et vous ? » Si on te répond que ce n'est pas le cas, tu n'auras plus qu'à passer ton chemin. Si tu trouves quelqu'un du même clan, tu continueras à parler amicalement et tu prendras la main de cette personne entre les tiennes, chaleureusement, comme pour dire au revoir. « J'ai passé un très bon moment en votre compagnie », quelque chose de ce genre. Sans cesser de parler, surtout, c'est très important. Ensuite, tu regarderas ta paume. Elle ne brillera pas autant que si tu avais respecté la procédure classique, mais cela suffira. Et si cela ne donne rien, tu continueras ton chemin. Jusqu'à la prochaine occasion.

– Et la prochaine. Et la prochaine encore. Cela prendra peut-être des mois.

– Ou des années, admit Pivoine. Tu n'identifieras peut-être même jamais ta mère.

– Si, je la trouverai. Elle est là, quelque part, et je la trouverai. Je le jure.

Chapitre 50

Till prit la route sous le soleil de midi. Il avait passé deux jours chez Pivoine et n'avait vu presque personne pendant tout ce temps. Les fermes étaient rares et il s'en approchait avec méfiance, même si Pivoine lui avait assuré que les Montcendrais étaient accueillants.

Le chemin menait à un taillis. L'ombre allait soulager Till. Mais, au-dessus des feuilles les plus hautes, une cheminée pointait. La prudence était de mise.

Il pénétra dans la fraîcheur du sous-bois et perçut le son d'une chute d'eau. La route tournoyait vers un petit pont de pierre sous lequel un ruisseau chantait.

Till descendit sur la berge et but à longs traits. Il se lava les mains et le visage et, alors qu'il s'apprêtait à ôter ses bottes, il entendit un petit rire. Deux enfants – une fille et un garçon – étaient assis à l'ombre du pont. Le garçon était plus jeune que lui. Il devait avoir à peine quelques mois. La fille était encore plus petite. Un bébé. Till avait une idée.

– Vous voulez jouer avec moi ? demanda-t-il.

Le garçon fit signe que oui.

– Super ! dit Till, et il escalada les rochers pour les rejoindre. On joue à touche-ma-main !

Il agita les doigts en l'air. Le garçon l'imita en souriant. Till immobilisa sa main et le petit y plaqua la sienne en riant :

– Ça chatouille !

Till hocha la tête, inspira profondément et retira sa main.

– Tout marron ! dit l'enfant sans cesser de rire.

– De quel clan es-tu ?

Mais son compagnon de jeu ne l'écoutait pas. Il tenait la main de la fillette pour toucher ses doigts.

– De quel clan es-tu ?

Toujours pas de réponse.

– Chatouille ! cria la fille. Chatouille !

Découragé, Till se détourna.

– Marron ! cria le garçon.

Marron ?

– Elle devrait être verte, dit Till en se retournant. Puisque c'est ta sœur.

– Non, protesta le garçon d'une voix perçante. Tu es fou ! C'est pas ma sœur. C'est ma copine.

Till sentit son cœur bondir.

– Donne-moi ta main, dit-il à la fillette. Comme ça.

Il toucha ses doigts.

– Chatouille ! s'écria-t-elle une fois de plus. Chatouille ! Chatouille ! Chatouille !

Till examina sa paume : elle était verte. D'un vert vif, comme une feuille d'arbre. Le motif était d'une clarté saisissante. Chaque ligne scintillait. Chaque tourbillon. Chaque volute. Chaque fioriture.

– Tu es de quel clan ?

– Chatouille ! Encore, encore chatouille !

– À quel clan appartient-elle ? demanda Till au garçon.

– Je ne sais pas.

– Mais si, tu le sais forcément !

Le garçon secoua la tête. Till saisit la petite par les bras.

– De quel clan es-tu ? De quel clan ?

La malheureuse avait un regard de lapin terrifié.

– De quel clan es-tu ?

Le petit visage se froissa, et l'enfant aspira tout l'air qui l'entourait avant de hurler :

– Papa !

– Désolé, je suis désolé, dit Till en s'efforçant de la calmer. Je voudrais juste savoir, c'est tout.

– Papa !

Soudain, Till fut saisi par-derrière et jeté à l'eau. Il commença par patauger mais parvint à se retourner. Il recracha une gorgée d'eau boueuse. Un homme était planté devant lui.

– On peut savoir ce que tu cherches, toi ?

– Je voulais juste lui demander quelque chose.

– À une petite de trois jours ! Qui ne sait rien de rien !

– Je veux simplement...

– Je le sais bien, ce que tu veux ! La rumeur est arrivée avant toi. Comme ils n'ont pas assez d'œufs, les marchands d'esclaves se sont mis à enlever des bébés. Et toi, tu travailles pour eux, hein ? Tu leur ouvres la route. Tu renifles la piste. Tu te renseignes. Eh bien, tu n'auras pas ma fille ! Plutôt mourir ! Fiche-moi le camp !

Il ramassa une poignée de cailloux et la lui jeta droit au visage.

– Va-t'en, sinon je vais t'aider à décoller à grands coups de pied aux fesses !

Till se releva, tout tremblant. Son œil le piquait ; l'une des pierres l'avait frappé.

– Allez ! Je te jure que tu vas prendre ma main sur la figure ! Et ton nez ne sortira pas entier de sa rencontre avec le poing d'un Pellan.

Till sortit de l'eau en trébuchant, remonta sur la berge et se mit à courir. Son œil suintait. Il aurait voulu le rincer, mais il ne fallait pas qu'il s'arrête. C'était trop tôt.

Il courut jusqu'au pont suivant, quitta le chemin et se réfugia dans la pénombre, sur le bas-côté.

– C'était un sale coup, murmura-t-il en lavant son œil. Des cailloux en pleine figure… S'il m'avait flanqué son poing sur le nez, je ne l'aurais pas vu venir.

Il décida de faire une pause. Il était en état de choc, il s'en rendait compte : alors que cela n'avait rien de drôle, il était pris de fou rire.

– Je vais t'aider à décoller à grands coups de pied aux fesses ! récita-t-il en imitant le ton bourru du bonhomme. Ton nez ne sortira pas entier de sa rencontre avec le poing d'un Pellan.

Il retint son souffle. *Le poing d'un Pellan* ? Son cœur se mit à battre plus fort. Il devait se concentrer. Cet homme avait dit qu'il était le père de la petite… donc du même clan qu'elle. Les Pellan. Or, Till avait appris qu'elle était de son clan.

Il s'adossa au pont.

– Sacré nom d'un clair de lune… Je suis un Pellan.

Chapitre 51

Le trajet de Till vers le sud fut ponctué de rencontres. Puisqu'il savait de quel clan il était, il pouvait appliquer la méthode de Pivoine. Dans chaque village, chaque hameau, dans la moindre ferme ou maisonnette isolée, dès qu'il croisait quelqu'un, il récitait une seule et même phrase :

– Bonjour ! Pouvez-vous m'aider ? Je suis de passage sur votre île et j'aimerais beaucoup rencontrer des membres de mon clan. Êtes-vous un Pellan ?

Le plus souvent, la question était bien reçue. Pivoine avait vu juste : les Montcendrais étaient accueillants. Dans le nord, la terreur régnait ; mais dans les régions du sud, fréquentées par les négociants, il trouva un accueil très chaleureux. Les femmes, plus bavardes que des pies, voulaient tout savoir sur les contrées lointaines. Celles qui n'étaient pas des Pellan lui disaient où sonner pour trouver des gens qui l'étaient. Et celles qui appartenaient à ce groupe lui serraient la main chaleureusement, allant souvent jusqu'à l'inviter à prendre le thé.

Mais les jours s'accumulèrent jusqu'à devenir des semaines, et Till perdit courage. Il discutait de plus en plus longtemps, car il rechignait à tendre la main, de peur d'être encore déçu si sa paume restait verte. Parfois, il ne la regardait même pas après le contact. Sa douleur et son échec y étaient trop souvent peints. Mais il continua de marcher.

Un jour, alors qu'il ne s'y attendait pas, il reprit espoir.

Il déambulait sans trop savoir où il allait, la tête baissée, les mains dans les poches, quand il releva le nez et dit :

– Parfait. C'est vraiment parfait. J'ai faim, je suis fatigué, ma botte est percée, et voilà qu'il faut monter une côte. Quelle merveilleuse journée, il n'y a pas à dire !

Il se remit en marche en maudissant son destin. Mais, une fois en haut de la colline, il oublia ses soucis. À ses pieds, déroulée comme une carte au trésor, la péninsule du sud s'étendait sur toute sa longueur – à tel point qu'il n'en percevait pas la pointe. Mais il voyait les côtes et les navires qui voguaient au large ; une série de villages éparpillés entre les forêts sauvages ; des moulins à vent et une terre quadrillée de routes bien droites.

Cette perspective le captiva tant qu'il resta assis sur la colline jusqu'au soir. Il voulait voir les ombres ramper sur le paysage et les lumières scintiller comme un collier le long de la côte. Quand ce fut le cas, il sentit que le bonheur était tout proche.

Quelque part, sous la lueur de l'une de ces lampes, il y avait sa famille.

Chapitre 52

« C'est un jour en diamant ! se dit Till. Scintillant. Lumineux. Pur, mais souligné d'un soupçon de bleu. Parfait ! »

Depuis cinq jours déjà, il menait ses recherches sur la péninsule. Les déceptions s'étaient succédé, mais le beau temps l'avait soutenu. En cet instant, saisi d'un bonheur délirant, il gambadait sur un chemin qui longeait la falaise. Il sourit aux vaches qui broutaient dans le pré voisin. Il décapita des chardons à coups de pied. Mais quelque chose le tracassait tout de même. Ce bateau qui naviguait vers l'horizon, que transportait-il ? La pointe de l'Écume était toute proche… Pour effacer cette inquiétude de son esprit, il se remit face au chemin. Une femme venait vers lui, chargée d'un énorme panier d'osier.

Y avait-il des esclaves à bord ? Il regarda le navire une nouvelle fois. Un rapide trois-mâts… De quoi atteindre Briquabraque sans tarder. Sans être rattrapé.

Profondément perdu dans ses pensées, il ne vit pas qu'un taureau brisait la clôture de l'herbage derrière lui. En revanche, il entendit le cri d'avertissement du fermier. Mais la bête le frôla et déboula vers la femme au panier.

Elle ne l'avait pas vue : elle s'était arrêtée pour cueillir des fleurs. Quand l'animal la heurta par-derrière, le panier s'envola dans un sens et la malheureuse partit dans l'autre, projetée dans les airs comme une bulle de savon ; elle passa par-dessus le bord de la falaise et disparut.

Avec un cri de surprise, Till courut vers le point de chute et se pencha.

Il vit un nuage de mouettes – elles criaient et tournoyaient comme des bombardiers – et des vagues plus bas, bien loin, qui moussaient et grondaient en frappant les rochers. Par miracle, la femme n'était pas tombée jusque-là : désespérée, elle se tenait à un arbre abattu par le vent. Quand elle vit Till, l'espoir fit battre ses cils comme les ailes d'une mouche dans un pot de confiture.

– Aidez-moi, l'implora-t-elle. Je vous en prie. Aidez-moi.

Till s'allongea par terre et rampa vers elle. Il étira son bras le plus possible, mais en vain. « Je ne peux rien faire. Elle me tirerait vers elle. »

– Aidez-moi ! répéta la femme en lui tendant une main.

Il était sur le point de dire qu'il en était incapable quand il sentit quelqu'un lui saisir les jambes. Une voix d'homme annonça :

– Vas-y, mon garçon, je te tiens !

Till tendit le bras une nouvelle fois et prit la femme par la main.

– Tirez ! ordonna-t-il à l'homme qui était derrière lui.

Le fermier obéit et les hissa peu à peu, tant et si bien que les deux corps suspendus se trouvèrent bientôt sains et saufs, emmêlés sur le sol.

– Merci, dit la femme. Merci.

– Je vous en prie, répondit Till en se relevant lentement.

Oh ! Il avait mal partout. Il s'était tellement étiré qu'il avait l'impression d'avoir grandi, il l'aurait juré. Son bras droit le picotait affreusement, sur toute sa longueur.

– Tes vêtements sont dans un état ! dit le fermier. Quand elle verra ça, ta maman va t'assaisonner !

– Si c'est ça, elle peut commencer tout de suite… Je l'écoute, répondit calmement Till.

Il regardait la paume de sa main. Elle était devenue toute noire.

Chapitre 53

– Maman ?

La femme ne répondit pas. Elle n'écoutait pas. Elle regardait nerveusement sa jupe déchirée.

– Maman ?

Till la prit par le bras.

– C'est vous, ma maman ?

– Non, je ne vous ai jamais vu.

Till lui prit la main. Sa paume était noire comme du charbon.

– Expliquez-moi ça, alors ? demanda-t-il en la forçant à regarder sa main à elle. Et ceci ?

Il montra sa paume noircie.

– Qui es-tu ? répliqua-t-elle, soudain prise d'impatience. Comment es-tu arrivé ici ?

– En bateau. J'étais à votre recherche. Je suis Till Brindille, votre fils.

La femme replia son bras pour serrer sa main contre elle et se retourna pour contempler la mer ; désemparée, elle cherchait ses mots, mais sans succès.

– Je ne sais pas quoi dire, reprit-elle enfin. Ce genre de chose n'est encore jamais arrivé. Je suis prise de court.

Till aurait voulu lui laisser le temps de réfléchir, mais les questions se bousculaient dans sa tête.

– Avez-vous une famille ?

Elle fit signe que oui.

– J'ai des frères ? Des sœurs ?

Nouveau signe affirmatif.

La voix du fermier vint rompre le silence :

– Bon, je me sauve ! Faut que je retrouve mon taureau.

– Merci, dit Till. De votre aide, je veux dire.

Le fermier lui donna une tape dans le dos et s'éloigna d'un bon pas.

– Le mieux, ce serait que tu m'accompagnes, dit la femme. Viens dîner à la maison.

Till sentit son cœur fondre comme du chocolat. Il avait envie de crier, de hurler, de bondir dans les airs, de prendre sa mère dans ses bras, de l'embrasser, de la serrer contre lui, de la secouer dans tous les sens. Mais il ne fit rien de tout cela. Quelque chose lui disait qu'elle ne l'apprécierait pas.

– Mon panier, dit-elle en regardant alentour.

– Je vais vous le trouver.

Il le trouva en effet : tombé dans les ronces enchevêtrées, il était entouré d'étranges créatures que Till n'avait jamais vues. Des boules rouge vif, plus grosses que son poing, entièrement couvertes d'épines. Elles n'avaient ni tête ni pattes mais, à ce détail près, Till aurait juré qu'il s'agissait de hérissons.

Avec un remerciement, sa mère reprit son panier et y jeta ces petites pelotes piquantes.

– Comment ça s'appelle, ces bêtes-là ? demanda Till.

– Des hérissons de mer. On dit aussi des oursins.

– Ah bon ? Ils sont vivants ?

– Oui, mais plus pour longtemps. C'est ton dîner.

Chapitre 54

La mère de Till remonta avec lui le chemin par lequel elle était arrivée et tourna soudain pour couper à travers champs. Ils gravirent une butte au pied de laquelle il aperçut une poignée de maisons.

– J'habite là-bas, dit-elle en tendant le doigt vers une maisonnette toute de guingois aux abords du hameau. C'est petit, mais j'y suis chez moi.

En s'approchant, Till constata que le bâtiment était constitué de galets cimentés, superposés à la manière d'un château de sable. Il était carré et robuste, avec un jardin bien tenu derrière.

La femme ouvrit la porte et ils entrèrent. Il n'y avait pas de vestibule : ils débarquèrent directement dans la pièce qui faisait office de cuisine et de salon. Les meubles étaient peu nombreux, mais confortables. Des chaussettes de toutes les tailles pendaient à la corde à linge, au-dessus du poêle. Un bouquet de fleurs sauvages égayait le rebord de la fenêtre. Quelqu'un avait écossé des petits pois sur la table de la cuisine. Quelqu'un avait laissé ses bottes au milieu de la pièce. Quelqu'un avait oublié de ranger le beurre après le petit déjeuner. À la vue de tous ces petits riens, si quotidiens et pourtant si intimes, Till éprouva une étrange sensation. Il était arrivé chez lui, mais il avait le sentiment d'être un intrus. Tout était si concret. Si personnel, si privé. Si fragile. Ces gens ne savaient rien de lui, l'enfant volé, alors qu'il allait peut-être changer leur existence à tout jamais.

Sa mère s'activait à ranger la cuisine.

– Dis donc… excuse-moi, j'ai oublié ton nom – est-ce que tu pourrais aller me chercher un peu d'eau au puits, dans le jardin ?

– Oui, Maman.

– Autre chose, aussi. Comment tu t'appelles, déjà ? Till, Till Brindille, oui, c'est ça. Ça me fait tout drôle que tu m'appelles Maman. Appelle-moi Aquilée. C'est mon nom : Aquilée Buffet.

Till rapporta de l'eau et Aquilée lui prépara du thé. Il s'installa sur un fauteuil, près du poêle, tandis qu'elle s'occupait du dîner. Il comprit bien vite qu'elle se sentait plus à l'aise quand elle avait quelque chose à faire. Elle était plus loquace lorsqu'elle ne le regardait pas. Elle répondit à ses questions : il avait deux sœurs et un frère. Mais elle dut lui demander son âge pour pouvoir lui dire si ses sœurs étaient plus ou moins âgées que lui. Till trouva cela étonnant, mais il ne fit aucune remarque à ce sujet, pas plus qu'il ne demanda qu'on lui raconte la nuit où il avait été volé. Cela pouvait attendre. En revanche, il résuma sa vie et son voyage. Aquilée ne semblait pas passionnée par ce récit – jusqu'à ce qu'il commence à décrire le cirque. Là, elle s'arrêta un moment pour écouter l'histoire de Candy.

– Voyez-vous ça, dit-elle, les yeux embués. Elle a réalisé ses rêves. Voyez-vous ça.

Heureux d'avoir trouvé un sujet qui l'intéressait, Till continua son récit. Il parlait toujours quand la porte s'ouvrit sur son père.

C'était forcément son père : son visage était le même que celui de Till. Pas seulement ses traits, mais son expression, l'inclinaison de sa tête – Till avait l'impression de voir son portrait futur. L'homme était suivi de ses filles, dont l'une tenait un enfant dans ses bras.

– Qui est-ce ? demanda-t-il.

– C'est Till Brindille, répondit Aquilée. Il vient du continent. C'est ton fils.

– Il est assis sur mon fauteuil.

L'homme se planta devant Till et attendit qu'il se lève. Dès que son siège fut libéré, il s'y installa, s'étira et ferma les yeux.

– Mon mari s'appelle Fenouil, et voici Laurier, expliqua Aquilée en prenant le petit dans ses bras. Et tes sœurs, Hysope et Orchidée. Les filles, je vous présente votre frère, Till.

– Je n'ai pas de grand frère ! protesta Orchidée, la plus jeune.

– Mais si, maintenant, tu en as un. Allez faire un brin de toilette. Le dîner est bientôt prêt.

*

Dix minutes plus tard, on se mit à table et Till crut qu'il allait exploser de joie. C'était le moment tant attendu : le grand retour, le repas d'accueil dont il rêvait depuis des mois. Il pouvait vivre en paix. Dans un bonheur complet. Il avait retrouvé son point d'ancrage. Sa nouvelle vie commençait. Mais pourquoi personne ne trahissait la moindre émotion ? Pourquoi n'écoutait-on pas ce qu'il avait à dire ? Alors qu'il avait pratiquement fait le tour du monde pour la rejoindre, sa famille parlait de planter des carottes : fallait-il en semer cette année ? Ou valait-il mieux faire pousser des navets ?

Il tenta d'évoquer Papa Grenier, mais la conversation dériva bien vite vers Papa Hemming, un vieux du village qui devait faire rénover sa toiture. Till était stupéfait. Ils ne se rendaient donc pas compte ? Ils étaient polis, certes, mais sans plus. Ce foyer était tout sauf accueillant.

Les choses n'allèrent pas mieux après le dîner. Les filles se retirèrent dans leur chambre. Fenouil bricola dans le jardin jusqu'à ce qu'il fasse nuit. Aquilée rendit visite à sa sœur, qui habitait au coin de la rue, et ne revint qu'à l'heure du coucher. Et, léger détail, il n'y avait pas de lit pour Till. Aquilée lui donna une couverture en lui suggérant de s'installer par terre, près du poêle. C'est ce qu'il fit, mais il eut bien du mal à s'endormir. Le dîner lui pesait sur l'estomac et sa déception lui causait une telle amertume qu'il en avait le souffle lourd.

Mais ce n'était rien encore. S'il avait su à quel choc il serait soumis le lendemain matin, il n'aurait pas pu trouver le sommeil.

Chapitre 55

Till s'éveilla dès le lever du soleil. Aquilée était déjà à l'ouvrage : elle pétrissait du pain sur la table.

– Il va falloir que j'aie accès au poêle dans une minute, annonça-t-elle.

Il lui laissa la place en allant s'asseoir sur un banc, devant la fenêtre. En regardant sa famille défiler dans la cuisine, le souvenir de l'usine à confiture lui revint soudain. Ces gens fonctionnaient comme une mécanique bien huilée : ils évoluaient dans le même espace sans accrochage, se faisaient une petite place par ici, allaient chercher une tranche de pain par là. La circulation était fluide et calme. Il n'osait pas se joindre à eux, de peur de rompre cet équilibre.

Toutefois, Aquilée l'invita à venir à table et, en écoutant les bavardages du matin, il se dit qu'il n'avait jamais passé un aussi bon moment devant un bol de porridge. Il fit ensuite la plonge, tandis que sa mère allait et venait dans la pièce. Quand il lui parla de Pompedouve et des Grenier, elle parut un peu plus intéressée. Après avoir fini la vaisselle, il fut surpris de voir ce qu'il y avait sur la table : un panier-repas.

– Je t'ai mis des sandwichs au jambon, expliqua la maîtresse de maison, avec un morceau de fromage, deux friands à la saucisse et un sac de petits pains au lait. J'espère que ça suffira.

Elle le regarda droit dans les yeux et ajouta :

– Heureuse d'avoir fait ta connaissance.

Elle l'embrassa sur la joue et ouvrit la porte.

– Je ne comprends pas, dit Till. Je dois aller quelque part ?

– Tu vas bien rentrer chez toi, tout de même ?

– Non ! Je suis venu pour vivre ici !

– Quoi ? Mais nous n'avons pas la place ! Tu comptais t'installer ici pour combien de temps ? Trois jours ? Une semaine ?

– Mais... Pour toujours. Je suis revenu à la maison.

– Non, tu n'es pas chez toi, ici.

– Bien sûr que si ! Puisque vous êtes ma mère.

– Certes, mais... Tu ne peux pas rester.

– Pourquoi ?

– Nous ne voulons pas de toi.

Ces mots étaient comme des coups de couteau. Till chancela, sous le choc.

– Je regrette, reprit Aquilée. Je ne voulais pas être si rude. Tu es le bienvenu, bien sûr. Sincèrement. Mais il est hors de question que tu restes plus de quelques jours. Nous n'avons pas les moyens de te loger et de te nourrir. Et puis nous sommes heureux comme ça, entre nous.

– J'ai fait tant de chemin...

– Je sais. Mais cela ne change rien.

– Je pourrais peut-être rester au village ? Me construire une maison ?

– Je ne sais pas. Peut-être bien. Écoute, on ne va pas parler de ça maintenant, ce n'est pas le moment. Installe-toi pour la semaine, on en discutera. Au bout de huit jours avec nous, tu changeras peut-être d'avis !

Till sourit avec elle, mais il n'en pensait pas moins. Il était chez lui. Il allait rester pour toujours, et puis voilà.

Chapitre 56

Hysope avait deux ans de plus que Till et, de toute évidence, elle n'était pas naïve. De plus, elle aimait par-dessus tout exposer ses connaissances. De son côté, Till n'avait jamais trouvé de réponse à ses interrogations existentielles ; il décida de lui poser les questions qui le tracassaient depuis si longtemps.

Ils étaient assis dans le jardin. Hysope tressait des bottes d'oignons en entrecroisant d'une main experte les tiges de chaque pied. Pour lancer la conversation, Till lui montra le moignon de son auriculaire et lui raconta l'incendie de l'usine.

– Est-ce que mon doigt va repousser ?

– Non, dit Hysope. Là où le feu est passé, c'est terminé. Ça ne repousse pas.

– C'est curieux, d'être en bois. Enfin, ça me fait un drôle d'effet, personnellement. Je n'ai jamais pu en parler à personne. Je sais comment nous naissons, mais pas comment nous mourons ni combien de temps dure notre vie. Est-ce que tu peux m'en dire plus ?

Hysope lui fit un grand sourire et posa ses oignons avant de se lancer :

– Avant tout, n'oublie pas que nous appartenons à une très vieille espèce, peut-être la plus ancienne au monde. Notre façon de grandir et de vivre peut paraître bizarre, mais c'est comme ça. Au début, nous sommes dans un œuf, comme tu l'as dit. Mais ce que tu ignores peut-être, c'est que pendant les six premiers mois, cet œuf ne peut pas éclore. Il faut qu'il reste au repos. Tout au long de cette période, il est très vulnérable. Les marchands d'esclaves peuvent s'en emparer facilement : c'est pour cela que nous restons sur nos gardes. Au bout de ce délai, l'œuf peut être mis au feu pour qu'un enfant naisse.

« Au cours du premier mois de sa vie, le petit grandit très vite, mais ensuite, il reste stable jusqu'à l'âge de dix ans. C'est alors le début du second cycle de croissance, qui lui permet d'atteindre sa taille adulte.

« Les couples se forment vers quinze ans. Ceux qui veulent des enfants doivent s'unir avec quelqu'un du même clan. Oh… tu sais qu'il existe des clans, au moins ?

Till fit signe que oui.

– Ensuite, eh bien, on vieillit. On a des rides, un peu comme l'écorce d'un arbre. Mais ça ne fait pas mal. Quant à savoir combien de temps on vit, ça… Nous ne sommes pas exposés à des maladies graves, contrairement aux hommes en chair et en os. On peut avoir une petite poussée de fièvre, mais on n'est malades que vers la fin. Sans douleur. On s'affaiblit, surtout. On se dit qu'il est temps de s'en aller. Ça peut arriver n'importe quand, ce n'est pas qu'une question d'âge. Certaines personnes se sentent mal avant d'avoir dix ans. D'autres deviennent centenaires. Mais, tôt ou tard, l'heure de la transmutation sonne.

– La transmutation ? Tu veux dire la mort ?

– Non, il ne s'agit pas de mourir. Plutôt de changer de forme. Quand ce moment arrive, on le sait. C'est une conviction intime. Alors on se rend dans un lieu agréable et on y reste planté, littéralement : on se transforme en arbre. Les pieds prennent racine. Les bras deviennent des branches. La tête est scellée au milieu d'un tronc. Pendant quelques semaines, il reste possible de voir et de parler, mais ensuite, la transmutation s'achève et même le visage disparaît.

Till était stupéfait.

– Est-ce que ça fait mal ?

– Non. C'est naturel. Il faut que ça ait lieu, voilà tout. Nous finirons tous comme ça. Tu es venu trop tard pour le voir, mais ça vient d'arriver à Grand-Père. Il s'est transmuté la semaine dernière. Il est là-bas.

– Où donc ? Parmi ces arbres ?

Till désignait les bois au fond du jardin.

– Oui. Mais ce ne sont pas des arbres. Ce sont nos ancêtres !

– Quoi, *tout ça* ?

– Mais oui ! Sur cette île, la moitié des arbres sont des ancêtres transmutés. On les appelle les « arbres cendrés ». Il y a de quoi se tromper, je le sais, parce qu'ils ressemblent beaucoup à de vrais arbres. Mais ce sont de vrais arbres, au fond. La seule différence, c'est qu'ils ont existé sous une autre forme. Tu veux voir mon grand-père ?

– Non ! Il a encore son visage, pas vrai ? Alors non. Je ne pourrais pas supporter ça. Je n'avais pas la moindre idée de ce phénomène. C'est grotesque. J'en ai mal au cœur.

Hysope se mit à rire.

– Tu vas t'y faire, allez ! C'est merveilleux, en fait : nous avons tous une seconde vie devant nous.

Till resta silencieux et s'efforça de trouver un sens à ce qu'il venait d'entendre.

– Est-ce que tout le monde fait une transmutation ? Personne ne meurt, purement et simplement ?

Hysope reprit sa botte d'oignons.

– Si tu as de la chance, tu te transmutes. Il arrive que l'on meure tout court, mais c'est rare. Tu sais, il est très difficile de tuer un Montcendrais. Nous sommes solides. Nous survivons aux chutes et aux coups. En cas de coupure, ce qui a été perdu repousse. Nous flottons, donc nous ne pouvons pas nous noyer. Il est impossible de nous abattre à coups de poing ou de couteau. Le poison reste sans grand effet à court terme, même s'il peut déclencher le processus de transmutation. Au fond, la seule chose qui puisse nous tuer, c'est le feu. Comme je le disais, il est sans pitié. Pas moyen d'en revenir. C'est une fin atroce, absolument atroce.

Till examinait le moignon de son doigt.

– Je ne m'en rendais pas compte… murmura-t-il. Quand je me suis précipité dans l'usine pour sauver Mousseline Dezinc, je n'avais pas saisi qu'il y avait un danger.

– Si tu l'avais su, demanda Hysope, cela aurait-il changé quelque chose ?

Till prit le temps de réfléchir.

– Non. Ça n'aurait fait aucune différence. J'y serais quand même allé.

– Alors c'est que tu es très courageux.

– Ou complètement fou !

Hysope répliqua en souriant à son frère :

– Ou les deux à la fois.

Chapitre 57

Till était couché devant le poêle, roulé en boule comme un hérisson. Il n'arrivait pas à s'endormir. Il était là depuis trois jours déjà, et sa mère restait convaincue qu'il partirait à la fin de la semaine. Il fallait qu'il invente quelque chose.

La nuit était très calme. Tout le monde dormait. Il n'entendait que le tic-tac de la pendule et un petit grognement de temps en temps, quand son père se retournait dans son lit. Mais soudain, il perçut un autre bruit : le roulement d'une charrette, dans la rue. Au beau milieu de la nuit… ? C'était curieux. La porte s'ouvrit lentement et la mère de Till entra dans la cuisine sur la pointe des pieds. Elle jeta un coup d'œil vers lui ; il fit semblant de dormir. Mais il la vit ouvrir la porte sur cour pour aller dans le jardin.

Till se mit devant la fenêtre. Tout était bleu, d'un bleu lunaire et froid ; derrière les arbres, les ombres tranchaient le ciel comme des queues de comètes. Il faisait assez clair pour qu'il distingue nettement sa mère. Elle était près de la remise. En compagnie de deux hommes. Ils discutaient et hochaient la tête. Aquilée entra dans la remise tandis que les hommes attendaient. Elle revint bientôt, les bras chargés d'un plateau. Till ne comprenait pas ce qu'il y avait dessus.

L'un des hommes plongea une main dans la poche de sa veste et en tira un petit sac. Il l'ouvrit. Des pièces d'argent scintillèrent sous la lumière de la lune. Quand Aquilée se tourna, Till vit ce qu'elle était allée chercher. Des œufs. De gros œufs en bois. Une bonne douzaine. Elle prit la bourse en souriant. Les hommes disparurent bientôt dans la pénombre, emportant les œufs.

La porte du jardin se rouvrit et Aquilée entra sans bruit.

– Inutile de marcher sur la pointe des pieds, clama Till en lui bloquant le passage et en lui tirant la bourse des mains. Qu'est-ce que c'est que ça ?

– Cela ne te regarde pas.

– Qui sont ces individus ?

– De qui parles-tu ? Il n'y a personne.

– Des marchands d'esclaves, hein ?

– Non.

– Je vous ai vus. Vous leur avez donné des œufs. Et eux, ils vous ont remis ceci !

Il secoua la bourse devant Aquilée.

– Et alors ? demanda-t-elle.

– *Et alors* ? C'est tout ce que vous trouvez à dire ? Vous venez juste de leur donner une douzaine de vos petits !

– Je ne les ai pas donnés. Je les ai vendus.

– Vous croyez que ça vous justifie ? Vous avez obtenu de l'argent, donc cela devient moral ? Mais vous les avez cédés à des esclavagistes !

– Tu n'en sais rien ! répliqua Aquilée. Tu ne sais pas où ils vont finir ! Ils vivront peut-être dans l'aisance. Avec quatre repas par jour et un petit lit douillet. Je n'ai pas eu ce bonheur, moi ! Il faudra peut-être qu'ils travaillent pour en arriver là, oui… Mais nous devons tous travailler. C'est la vie.

– Vous oubliez une chose : moi aussi, j'ai été emmené par ces hommes.

– Oui, et alors ? Tu n'as presque jamais souffert ! Toutes tes histoires de Pompedouve et des gentils époux Grenier… Tu as vu plus de choses que je n'en verrai jamais ! Cesse donc de te plaindre.

– Mais vous ne comprenez rien ? Ce que font ces hommes, c'est mal. Ils décident du sort d'êtres vivants. Je vous croyais bien placée pour le saisir. Vous avez sacrifié votre fils à ces trafiquants. Ils m'ont volé.

– Mais non.

Till resta figé, les yeux braqués sur Aquilée.

– Qu'est-ce que vous dites ?

– Ils ne t'ont pas volé. Je t'ai vendu.

Le jeune garçon, vacillant, recula jusqu'à la table, dont il saisit les bords pour éviter de tomber. Le monde disparaissait sous ses pieds.

– Non, dit-il. Non…

– Mais si. Toi et des centaines d'autres. De quoi crois-tu que nous vivons ? Il n'y a pas de travail, ici. Un peu de pêche et d'agriculture, mais c'est tout. Je ne suis pas la seule, figure-toi. Va frapper aux autres portes du village : tu entendras partout la même chose.

– Je n'arrive pas à croire que je suis revenu jusqu'ici pour entendre ça.

– Personne ne t'a invité.

– Non, mais… mon but était de vous rencontrer. Moi qui voulais vous aimer… je vous déteste. Je vous hais ! Je ne savais pas qu'on pouvait haïr quelqu'un aussi fort !

– Alors va-t'en ! cria Aquilée. Puisque je te déplais à ce point, fiche le camp ! Je ne te retiens pas !

Et, pour le défier, elle ouvrit vivement la porte du jardin.

– Je partirai au lever du jour ! lança Till. Pas question que je fuie en pleine nuit, comme un voleur. Je n'ai rien à me reprocher, moi.

– Ah non ? Avoir commis un meurtre, ça ne suffit pas ? Parce que c'est bien ça, au fond, n'est-ce pas ? Tu es un meurtrier ! Tu n'es venu ici que parce que tu as fui ton village.

– Je peux y retourner. Je *vais* y retourner, même.

– Tu es encore plus bête que je ne le pensais. Tu ne sais donc pas à quel sort sont voués les meurtriers ? À la peine de mort. Si tu rentres chez toi, tu mourras. Ils vont te brûler vif, mon garçon.

– Ça m'est égal. J'irai quand même, et vous voulez savoir pourquoi ? Pour voir mon père et ma mère. Il ne s'agit peut-être pas de mes vrais parents, mais eux, ils m'ont aimé. Ma mère était une meilleure mère que vous ne le serez jamais.

– Fiche le camp, ordonna Aquilée. Fiche le camp !!

– Soyez tranquille, je m'en vais.

Il passa devant elle et s'engouffra dans la nuit.

*

Sans se retourner, Till courut jusqu'au fond du jardin, franchit la clôture et fila vers le bois. Il n'avait pas l'intention de suivre la route : les marchands d'esclaves ne devaient pas être bien loin. Mieux valait couper à travers champs. S'il courait jusqu'au matin, il se trouverait alors à une bonne distance du village. Mais sa famille ne partirait pas à sa recherche, de toute façon.

Il sauta entre les arbres. Passa sous les branches basses. Enjamba les racines exposées. Vira et tourna. Tout en s'efforçant de contenir sa rage. « Comment a-t-elle pu faire ça ? se demandait-il sans cesse. Comment a-t-elle pu ? »

Il s'égarait. Courait à l'aveuglette. S'écorchait sur les ronces. Écrasait les fougères qui lui barraient la route. Quand il vit le talus, il était déjà trop tard. Il bondit pardessus et atterrit lourdement au pied d'un arbre. Au *pied* d'un arbre… littéralement : il y avait là un vrai pied, à demi enraciné. Il leva la tête et vit deux yeux qui le regardaient. Marron comme de l'écorce, au milieu d'un visage émacié, le tout encastré dans le tronc d'un frêne.

– Ça ne fait pas mal, dit le grand-père. Ça ne fait pas mal.

Le corps du vieil homme, écartelé comme un épouvantail, se débattait pour échapper à l'écorce qui le dévorait. Au bout de ses mains tordues et noueuses, des pousses vertes perçaient sous ses ongles. Ses pieds s'enracinaient dans la terre en creusant comme des blaireaux.

– Ça ne fait pas mal… Ça ne fait pas mal.

– Que voulez-vous dire ? Je ne comprends pas.

– Ça ne fait pas mal… Ça ne fait pas mal.

Till frissonnait. Tout son corps était agité de tremblements. Il regarda une nouvelle fois les yeux du bonhomme et y lut une expression si folle, si impénétrable, si atroce, qu'il se ressaisit soudain et s'enfuit. Plus vite que jamais. Il crut que son cœur allait traverser sa poitrine et le mener à la mort. Seul, comme un animal blessé, au beau milieu de la forêt.

Chapitre 58

Le matin arriva. Till s'assit sur une clôture et regarda la mer. Il était fatigué et affamé. Il avait mal aux pieds. Mais dans sa tête, les choses étaient claires. Il retournait au village.

Il fallait compter deux jours de marche pour quitter la péninsule. Encore sept jours, et il atteindrait le port de Kessel. Il ne lui resterait qu'à trouver un navire qui voudrait bien le prendre à bord.

Il soupira. Il sentait toujours la douleur des mots d'Aquilée, qui l'avaient frappé en plein cœur. Avait-elle dit vrai ? Serait-il brûlé vif ? Non. Il irait en prison. Mais il n'y avait pas de prison, à Pompedouve. Il n'avait même jamais entendu ce mot-là avant d'arriver à Bourg-Dezinc. Et quand il se remémorait l'expression de Maillet, le jour du drame… Si tout le village éprouvait le même sentiment, alors oui, il serait condamné au bûcher. Il ne connaîtrait pas la transmutation. Toutefois, au vu de ce que subissait son grand-père, ce n'était peut-être pas plus mal. Hysope lui avait pourtant dit que c'était une expérience merveilleuse. Le début d'une nouvelle vie. C'était certainement mieux que rien. Car le feu, lui, ne lui apporterait rien.

Il décida d'appliquer la méthode de réflexion que Mlle Aneth lui avait enseignée : « Quels sont mes choix ? Voyons voir... » Cette façon de mettre en scène une décision si cruciale le soulageait. « Primo : je peux retourner à Pompedouve. Secundo : je peux rester ici. Tertio : je peux aller ailleurs, n'importe où dans le monde. »

Il réfléchit. La seconde option était exclue. Ce rêve-là s'était évanoui. Alors la troisième ? Certes, il pouvait aller où il voulait. À Briquabraque ! Non... vers la mer Argentique, plutôt ! Mais il ne se sentait plus en sécurité. Le capitaine Kempe l'avait dit sans détours : il l'aurait bel et bien vendu à Terzaride. La prochaine fois, Till aurait peut-être moins de chance.

La première solution s'imposait : retour à Pompedouve. Il n'y avait plus d'échappatoire. Till devait se faire une raison. Il n'y était pas vraiment acculé : il aurait pu faire autrement. Non, il devait s'y rendre, avant tout pour pouvoir vivre en paix avec lui-même, ce qui était impossible pour le moment. Même s'il voyageait jusqu'à l'autre bout du monde, il ne serait jamais qu'un fugitif. Un meurtrier en cavale. Il ne pouvait pas se dérober pour toujours.

« Je dois leur faire face. Je dois voir les parents de Biberon. Leur demander pardon. Ils me brûleront, je le sais. Je ne suis pas des leurs. Je ne veux pas mourir. Je ne veux pas que Papa et Maman me détestent, et ils me détesteront. Mais au moins, je pourrai leur dire que je suis désolé. Et leur faire mes adieux. »

*

Le sommet de Montcendré était couronné de nuages. Une bruine légère flottait dans les airs. Tout était gris, gris, gris. L'équipage vira au cabestan. Till entendit la chaîne de l'ancre remonter en cliquetant. Les marins manipulèrent les cordages et hissèrent les voiles, et le navire put quitter lentement son port d'attache. Dans la cale, les troncs d'arbres étaient empilés et alignés comme des tranches de jambon. Cette fois, il n'y avait pas d'œufs dans le chargement. Il avait vérifié.

La brise fraîche faisait danser le bateau, qui prit de la vitesse et s'éloigna du port de Kessel en se dandinant comme une oie. À la poupe, Till regardait la ville s'éloigner. Il n'éprouvait aucune colère, rien que de la tristesse et un profond sentiment de perte.

À la pointe du quai, il perçut une lueur bleue et un claquement de tissu. Il vit un crabe doré. Une étoile argentée. Un étendard tout neuf battait au vent, à la sortie du port, comme pour lui dire au revoir. Le garçon agita la main. Il se souvenait. Il sourit. Il ne le quitta pas des yeux, jusqu'à ce qu'il n'en reste qu'un petit point à l'horizon. Jusqu'à ce qu'il disparaisse.

Sixième partie

Chapitre 59

Till fit halte dans le bois de Fougeray pour regarder la maison. La porte, verte de mousse, avait besoin d'un petit coup de peinture. Les gonds du portail étaient un peu rouillés. Mais un tourbillon de fumée dansait au-dessus de la cheminée et des bottes crottées attendaient sur le pas de la porte. Ses parents étaient là.

Il remonta le petit chemin et s'arrêta sur le seuil. Leva la main. Se figea. Inspira profondément. Frappa.

Des voix sourdes. Des bruits de pas. Le grincement des gonds. Un visage bien-aimé et jamais oublié.

– Oh ! s'écria Pignon en plaquant sa main sur sa bouche, les yeux brillants de larmes. Oh, mon garçon !

Il tira Till vers lui et le serra comme s'il ne devait plus jamais le lâcher.

– Qui est-ce ? demanda Coloquinte. Il y a un courant d'… Oh ! Oh, ma parole !

Cette fois, ils étaient trois à s'étreindre, s'embrasser et rire tout en pleurant.

– Entre donc, voyons, entre. Assieds-toi. Oh ! Comme tu nous as manqué !

Till s'installa dans son vieux fauteuil, au coin du feu, et regarda alternativement sa mère et son père. Il regretta de ne pas être deux fois plus grand : son cœur aurait pu accueillir encore plus d'amour.

– Comment ça va, mon fils ? demanda Pignon en tirant sa chaise vers lui. Où étais-tu ?

– C'est toute une histoire.

– J'ai tant attendu de l'entendre...

– Eh bien, tout a commencé dans la cour de l'école...

– Qui est-ce donc ? s'écria Coloquinte. Quelqu'un vient taper à la porte, juste au moment où nous ne voulons voir personne !

Elle déposa un baiser sur le front de Till.

– Je vais l'envoyer promener. Attends-moi pour commencer ton récit, surtout !

On frappa une nouvelle fois, plus fort. Avec insistance.

– J'arrive ! dit Coloquinte en manipulant la poignée de la porte. Oh !

Un homme d'une carrure impressionnante se tenait sur le seuil. Sa voix résonna dans toute la pièce quand il déclara :

– Je viens chercher votre fils.

*

Lacrasse entra dans la cuisine. Les Grenier protestèrent et l'implorèrent de se montrer compréhensif, mais en vain. Till dut monter dans une charrette pour être mené jusqu'à une grange, à l'autre bout du village. Lacrasse ouvrit une lourde porte et lui fit signe d'entrer. Un rayon de soleil éclairait une sorte de cage montée sur roulettes.

– Glisse-toi là-dedans, ordonna Lacrasse.

Voyant l'expression perplexe de son prisonnier, il ajouta :

– C'est pour ta sécurité.

Till obéit. Le clapier empestait la sueur de rat.

Lacrasse fixa un cadenas sur les barreaux, tourna la clef et la fourra dans sa poche.

– Je reviendrai.

Mais, un quart d'heure plus tard, ce fut Pignon qui arriva, à bout de souffle. Il glissa sa main dans la cage pour prendre celle de Till.

– Qu'est-ce qui se passe ? demanda le prisonnier. Où est Lacrasse ?

– Je pense qu'il est allé voir les parents de Biberon. Ils attendent ce jour depuis bien longtemps.

– Comment a-t-il su que j'étais revenu ?

– Tu as traversé le village, ce matin ?

– Oui, mais je suis resté sur mes gardes.

– Eh bien, d'une façon ou d'une autre, tu as été repéré.

Till soupira profondément.

– Papa… Est-ce qu'ils vont me brûler ?

Pignon serra plus fort la main de son fils.

– Je ne vais pas te mentir, mon petit. Je crois bien que oui. Ils ne sont pas restés inactifs, pendant ton absence. Ils ont des projets. Ils vont commencer par te juger, mais franchement, je crois que leur décision est déjà prise.

– J'ai peur, Papa.

– Je sais, mon enfant, je le sais bien. Si je pouvais prendre ta place, je n'hésiterais pas une seconde, crois-moi. Tout comme ta mère.

– Je suis désolé.

– Mais pourquoi ? Tu n'as rien fait de mal. C'était un accident.

– Je suis désolé d'avoir fui. De vous avoir causé tant de peine et d'inquiétude.

– Ça oui, on s'est fait du souci, je ne dirai pas le contraire. Mais tu es notre fils. On t'aime, quoi qu'il advienne.

– Je pensais que vous en seriez venus à me détester.

Pignon sourit :

– Si je pouvais décrocher la lune pour faire ton bonheur, je n'hésiterais pas une seconde.

Till serra plus fort la main de son père.

– Le procès… Qui s'en charge ?

– Le fermier Baliverne. Il est persuadé d'avoir des talents d'orateur.

C'était l'homme chez qui Gardon avait fait pipi dans un tonneau de cidre.

– Ça commence quand ?

– Demain matin, de bonne heure.

Pignon n'en dit pas plus mais, au fond de son cœur, il savait que tout serait fini avant la tombée de la nuit.

Chapitre 60

Les coups de marteau résonnèrent toute la nuit. Till se demandait pourquoi on construisait une potence, puisqu'il ne pouvait être exécuté par pendaison. Mais, au matin, quand on le mena à l'école, tout devint plus clair : ce qui avait été assemblé dans la cour de récréation, c'était une estrade. Les jurés étaient déjà là, assis sur des chaises d'écoliers. Les villageois étaient présents, eux aussi – au grand complet, à en juger par la foule agglutinée dans la cour. Quand ils le virent arriver, ils crièrent si fort que les carreaux vibrèrent et que les corbeaux s'enfuirent.

Une fois sur l'estrade, Till fut prié de s'asseoir. Il était face à un océan de visages. Jeunes ou vieux, doux ou coléreux – ils incarnaient toutes les classes d'âge, toute la gamme des émotions humaines. Son passé l'examinait. Mlle Aneth. Maillet. Papillon. Frimousse, qui lui envoya un baiser. Le fermier Molleterre, Coquemar Guillaumin – et tous les garçons de l'élevage de hérissons, qui agitaient la main. Coloquinte et Pignon, serrés l'un contre l'autre, aussi pâles que des bougies.

– Till ! Till !

Gardon bondissait sur place comme un bouchon de pêche. Le poing dressé. Il donnait des coups de coude à ceux qui osaient le pousser en arrière.

Till, les larmes aux yeux, lui répondit d'un geste.

– Ça va bien se passer ! cria Gardon. On est avec toi !

– Ah non, alors ! protesta une voix, et la foule commença à se disputer.

Quand Baliverne gagna enfin l'estrade, il dut lever la main pour ramener le calme.

– Pompedouviers ! brailla-t-il. Vous savez ce qui nous amène ici aujourd'hui. Nous allons rendre justice.

La foule l'acclama. Vaniteux comme un paon, il parcourut l'estrade sur toute sa longueur.

– Je vous présente notre jury : Gravier Lacrasse, fermier ; Godillot Mariotte, dresseur de rats ; Furet Verdier, ouvrier agricole ; Mme Dormoy, institutrice ; et Sabot Martin, cordonnier et père de la victime.

Pour mieux voir, les villageois tendaient le cou et jouaient des coudes.

– Je pense qu'il est inutile de vous rappeler le terrible drame…

– *Mais je vais le faire quand même*, railla une femme qui se tenait aux pieds de Till.

– … qui a eu lieu, il y a des mois, dans la cour où nous nous trouvons aujourd'hui. Un enfant innocent, Biberon Martin, jouait avec ses petits camarades quand un autre élève s'est jeté sur lui sauvagement. Alors qu'il n'avait rien fait pour provoquer une telle offensive, ce petit a subi une agression inhumaine, d'une violence inouïe, je dirais même plus : préméditée. Et il en est mort. Mort ! Il ruisselait de sang, un sang rouge vif, comme…

– Oh ! s'écria une voix. Tout de même, il en fait un peu trop ! Les parents de ce malheureux sont là.

Les villageois hochèrent vivement la tête.

Baliverne grogna et reprit son discours :

– Nous savons tous qui a commis cet acte innommable. Les témoins se comptent par dizaines. Le meurtrier n'est pas natif de notre village. C'est un étranger ; aujourd'hui, il est parmi nous. J'ai nommé : Till Brindille.

Il fit une volte-face théâtrale pour brandir vers l'accusé son gros doigt potelé.

– Et maintenant, je lui pose la question : pour qui te prends-tu, toi qui es venu dans notre village pour y semer la violence et la haine ?

– Je n'ai jamais eu de telles intentions, répondit Till. J'ignore comment mon œuf a atterri dans le champ de M. Lacrasse.

– Mais le fait est qu'il y a été trouvé. Par ton père adoptif, Pignon Grenier. Vrai ou faux ?

– Oui, c'est vrai. Je lui en serai reconnaissant jusqu'à mon dernier soupir.

– Ça ne va peut-être pas tarder, tu verras.

Till se leva d'un bond, si vite qu'il renversa sa chaise.

– C'était un accident ! Biberon était mon ami. Jamais je n'ai voulu lui faire de mal !

– À ceci près que tu l'as tué. Tué !

– Vous croyez que je ne le sais pas ? Vous croyez qu'en prenant la fuite, j'ai échappé à toute culpabilité ? Si c'est le cas, détrompez-vous. Le remords m'a accompagné partout. Il me torturait tout le jour et, la nuit, il s'insinuait dans mes rêves pour les transformer en cauchemars.

– Peut-être, mais cela ne rétablit pas la justice. Pas pour nous. Ni pour les parents de la victime, Sabot et

Dentelle. Ils ont perdu leur fils. Tu lui as volé sa vie. Tu es un meurtrier doublé d'un voleur, et tu n'as même pas la correction de le reconnaître. Tu as préféré prendre la fuite, ce jour-là.

– Monsieur Baliverne ! Monsieur Baliverne !

– J'ai fui, oui, parce que j'ai eu peur. J'ai été pris de panique. Je ne savais pas comment réagir.

– Tu as fui parce que tu es un lâche.

– Monsieur Baliverne ! Monsieur Baliverne !

– Mais je suis revenu. Je veux présenter mes excuses.

– Il est trop tard. Tu seras brûlé vif, petit.

– Monsieur Baliverne ! Monsieur Baliverne !

– Oh, sacré nom de nom ! Qu'y a-t-il ?

La foule s'écartait pour laisser passer Caleçon Sabatier.

– Monsieur Baliverne ! J'ai quelque chose à vous dire !

– Ça ne peut pas attendre ? demanda le juge avec un regard glacial.

– Non, monsieur. Je vous en prie : un couple de hérissons géants est en train de creuser la tombe de Biberon !

Chapitre 61

Un cri retentit. Sur l'estrade, Sabot Martin se leva d'un bond et s'agrippa au dossier de sa chaise pour reprendre pied.

– En train de… quoi ? grommela Baliverne.

Il se tourna vers Till :

– C'est toi qui as monté ce coup-là ? Si c'est une plaisanterie, elle est de mauvais goût !

– Non ! clama l'accusé. Je n'ai pas la moindre idée de ce qui se passe.

Le juge était vert de rage. Il fit signe à quelqu'un, au cœur de la foule, et ordonna :

– Qu'on m'apporte mon pistolet ! Tout ceci a assez duré. Je vais faire exploser ces bestioles et on n'en parlera plus !

Il sauta à terre et se dirigea vers le portail de l'école d'un pas bien décidé.

– Il faudra d'abord me passer sur le corps !

Coquemar Guillaumin lui bloquait le passage.

– Poussez-vous donc, mon vieux, ordonna Baliverne.

La foule retint son souffle.

– Non. Je vous ai dit qu'il faudrait me passer sur le corps.

– À moi aussi, dit Licou Chevasson.

– Et à moi, dit Pavé Lamalle.

– Et à moi, dit Mocassin Mercier.

Baliverne cracha par terre. Derrière lui, les villageois perdaient patience.

– Vous n'avez pas honte ? lui souffla une vieille femme tout près de lui. Coquemar est âgé et tout le monde l'estime plus que vous, ici.

Baliverne sentit qu'on le poussait. Les quolibets et sifflements commençaient à résonner.

– Écoutez-moi ! cria Molleterre en se frayant un chemin dans la foule. Écoutez ! Vous me connaissez tous. Et moi, je m'y connais en hérissons ! Je vais vous dire quelque chose : creuser une tombe, ça n'a rien de naturel chez cet animal. Coquemar Guillaumin ne me contredira pas.

– Il dit vrai.

– Voici ce que je pense : nous devrions ajourner le procès pour aller voir ce qui se passe à la butte aux Herbes. Ceux qui sont d'accord, dites « oui ».

– Oui !!

– Bon, alors on y va. Et sans armes !

*

Le cimetière de la butte aux Herbes se trouvait à la lisière du village. C'était un lieu calme, où l'air était chargé du parfum des fleurs en été ; en hiver, le site était blanchi par le froid. Un petit mur de pierre avait été édifié tout autour pour empêcher les animaux d'y venir brouter. Ce jour-là, il arrêta les villageois dans leur marche ; ils s'y accoudèrent pour regarder par-dessus, pris de curiosité.

Molleterre, Sabot et Dentelle Martin, Coquemar Guillaumin et Till franchirent le portail. Molleterre fit remarquer qu'il était dégondé : les hérissons avaient dû le pousser très fort. Sabot Martin, qui ouvrait la marche, fut le premier à voir ce qu'il y avait derrière une petite haie.

– Oh !

Dentelle Martin éclata en sanglots.

En échangeant de petits grognements, deux énormes hérissons grattaient la terre qui recouvrait le cercueil de Biberon.

– Nom d'une tartine beurrée… murmura Molleterre. Je ne me trompe pas, c'est bien Picote et Aiguillon.

Till les regarda attentivement. Sabot Martin s'empara d'une pelle qui traînait non loin.

– Non, dit Coquemar Guillaumin. Restez où vous êtes. Je sais que c'est difficile à supporter pour vous et votre femme, mais sincèrement, je crois que nous devrions attendre d'en savoir plus.

Dix minutes s'écoulèrent. Les hérissons creusaient à tour de rôle. Picote avait atteint le caveau et y était entrée ; les villageois entendirent un bruit de tissu que l'on déchire.

– Non ! geignit Dentelle. Ne touchez pas au corps de mon petit !

– Retenez-la ! ordonna Coquemar.

Picote remonta, le museau rougi par l'argile. Elle s'ébroua et se tourna vers son compagnon. Immobile, Aiguillon respirait sans bruit. Soudain, il grogna et tout son corps sembla accomplir un prodigieux effort. Les piquants dorés dont sa tête était garnie se mirent à miroiter et l'un d'eux se dressa, comme un bourgeon qui monte vers le soleil. Picote le prit entre ses dents et le lâcha dans le trou.

– Non, sanglota Dentelle. Non, pas mon petit…

– Attendez, dit Coquemar. Oh ! Bon sang !

Quelque chose sortait du tombeau : un étrange brouillard vert rampait au ras de la terre paisible et la caressait, l'embrassait, la réveillait. Partout où il était passé, c'était le printemps. Le sol était tacheté de vert là où des pousses sortaient. Des perce-neige, des jonquilles, un tapis de crocus surgissaient de la terre. Les bourgeons fleurissaient en un clin d'œil. Le brouillard vert ondulait et se déplaçait toujours, vers un arbre par-ci, une haie par-là. Alors qu'on était au beau milieu de l'hiver, il y avait partout des roses, des papillons, des abeilles, des alouettes et des coccinelles. Les tombes étaient mouchetées de fleurs et l'air, chargé du chant des oiseaux.

Cela ne dura pas. Bientôt, les fleurs fanèrent et moururent. Les pétales tombèrent en poussant un petit soupir. Les nuages recouvrirent le soleil et les villageois sentirent la terre bouger sous leurs pieds.

Picote et Aiguillon, tout près du tombeau, se roulèrent en boule ; le sol tremblait sous eux aussi. Des éclairs striaient le ciel. Des grêlons gros comme le poing se mirent à tomber. Et une forme parut dans le tombeau. Une ombre. Elle bondit vers les arbres, et les villageois comprirent en un instant de qui il s'agissait : c'était la Mort.

Leurs hurlements furent effacés par un vent agressif qui fouettait et déchirait la plaine, abattait les pierres tombales et déracinait les arbres. Il se mit à tournoyer et forma un cône virevoltant de poussière et de débris. Ce tourbillon rugit, tourna en spirale et disparut dans les nuages.

– Ouah ! souffla Till.

– Regardez ! cria Molleterre.

Une main avait paru au bord du trou. Une main humaine, toute pâle. Elle bougeait. Des doigts cherchaient une prise sur la terre collante. Une seconde main surgit. Puis une chevelure emmêlée. Un visage.

Biberon Martin, aussi beau que le jour de sa naissance, sortit de la tombe. Après quelques pas mal assurés, il s'arrêta et regarda autour de lui. Il était aussi mince qu'une graine de pissenlit. Si léger qu'il se serait envolé sous le souffle d'un murmure. Mais ses yeux, cernés d'une auréole bleu lavande, étaient lumineux et vifs.

Il se tourna vers les hérissons et sourit. Il se pencha pour prendre la tête duveteuse de Picote entre ses mains et déposa un doux baiser sur son museau. Il s'approcha d'Aiguillon et fit de même. Les hérissons grognèrent de contentement et lui firent un petit signe de tête, puis échangèrent un regard et se mirent à courir vers le portail.

– Laissez-les partir ! ordonna Molleterre, qui craignait que les villageois se jettent sur eux. Laissez-les !

Les fugitifs se glissèrent sous la clôture et s'enfoncèrent dans la forêt, juste derrière.

Coquemar prit Molleterre par le coude.

– Ce sont les deux plus belles bêtes pour le grand prix de l'année prochaine. Voulez-vous que j'envoie mes garçons à leur poursuite ?

– Non. Laissez-les filer. Il me semble que ces animaux n'ont pas volé leur liberté. Mais je ne comprends pas bien pourquoi ils sont venus sauver Biberon.

– Ce n'est pas pour lui qu'ils sont venus, dit Till. C'est pour moi.

– Tu pourrais t'expliquer plus clairement ? demanda Molleterre en fronçant les sourcils.

– Oui, mais pas maintenant.

Près du trou, Biberon agitait toujours la main. Il tourna lentement la tête et vit toute la foule qui le regardait.

– Maman, murmura-t-il. Papa…

Dentelle se libéra des bras de son mari et courut vers lui. Elle bondit sur le chemin, par-delà les tombes, pour rejoindre son fils. Elle tomba à genoux devant lui et le serra contre elle.

– Mon bébé. Oh, mon si joli bébé.

Till, devant ces retrouvailles, sentit un sanglot lui monter à la gorge. Il tenta de le retenir, mais ce fut impossible. Son rêve s'accomplissait enfin, mais ce n'était pas lui qui le vivait.

Chapitre 62

Till et Gardon, assis sur le mur de la cour de récréation, regardaient la fête. La place du village était envahie de tables qui fléchissaient sous le poids des plats. Les lanternes brillaient dans les arbres. La fanfare jouait un quadrille. Les couples virevoltaient et tournoyaient en agitant les pieds suivant le rythme de la danse. Sur tous les arbres et poteaux, des cartons étaient épinglés : *Soyez les bienvenus !*

Après la résurrection de Biberon Martin, les villageois avaient bien voulu écouter la plaidoirie de Till. Les premiers à lui accorder leur pardon furent les Martin. Le fait que leur petit garçon joue avec des enfants plus grands les avait toujours inquiétés. Un accident devait arriver, un jour ou l'autre.

Mlle Aneth avait alors proposé que l'on fête dignement ce double retour au pays :

– Montrons à ces garçons que nous sommes contents de les avoir retrouvés.

Les villageois avaient sauté sur l'occasion avec enthousiasme ; Coloquinte et Pignon pensaient qu'ils n'étaient que des hypocrites, mais ils n'en dirent rien.

Coloquinte prit part à la préparation de la fête, sans ménager ses efforts, et Pignon passa tout un après-midi à dresser les tables. Toutefois, ils ne se mêlèrent pas aux conversations.

Zoum ! Une fusée de feu d'artifice explosa au-dessus des deux garçons et une pluie d'étoiles en jaillit. Gardon se tourna vers son ami et lui donna un petit coup sur le bras.

– Je suis content que tu sois revenu, mon pote.

– Moi aussi, je suis content d'être revenu, répondit Till. Je suis enfin chez moi.

– Tu ne trouves pas ça un peu fort, tous ces individus qui t'accueillent à bras ouverts ? La moitié d'entre eux n'auraient pas hésité à te mettre au bûcher pour se régaler d'un si joli spectacle. Et aujourd'hui, regarde-les : ils viennent te donner des tapes dans le dos et prétendent que tu leur as manqué.

– Les gens sont comme ça, dit Till en haussant les épaules.

– Mince alors ! Comment tu fais pour être si raisonnable ? Ils t'ont fichu dehors, tout de même.

– C'est toi qui m'as dit de prendre la fuite, répliqua Till en clignant de l'œil.

– J'avais peur. J'ai été pris de panique. J'ai eu tort.

– Non, tu as eu raison. Tu te doutais de ce qu'ils feraient. Tu savais qu'ils ne comprendraient pas.

– Quelle bande de nigauds !

Devant l'indignation de son ami, Till sourit.

– Je suis revenu, c'est tout ce qui compte. Et tu sais, au fond, je suis assez content que tout ceci ait eu lieu. Gardon, tu ne peux pas imaginer tout ce que j'ai vu et vécu. J'ai rencontré des gens extraordinaires. Bien sûr, il y a eu aussi des moments difficiles. J'ai parfois cru que je ne m'en sortirais jamais. Mais je m'en suis tiré. J'en suis fier, crois-moi.

Gardon tira de sa poche un sandwich à la saucisse.

– Biberon m'a montré sa cicatrice. Il a une piqûre au beau milieu de la poitrine. Ça a dû faire drôlement mal.

– Non, il n'a rien senti. Je lui ai demandé.

– Il a bien dû éprouver quelque chose, voyons ! Quand quelqu'un t'enfonce un piquant de cette taille dans la peau, ça fait forcément mal.

– Pas si tu es mort.

Gardon prit une bouchée de sandwich et la mâcha consciencieusement.

– Il y a quand même quelque chose qui m'échappe. Tu m'as dit que les hérissons avaient fait ça pour te remercier, pas vrai ? Alors pourquoi sont-ils partis en courant, après ?

– Ils ne voulaient pas qu'on les attrape. Je les comprends !

– Oui, mais Picote te connaissait bien, pas vrai ? Elle aurait dû venir près de toi. Se frotter le nez contre ta jambe, quelque chose de ce genre.

– Elle ne pouvait pas prendre un tel risque. Et puis elle a fait ce qu'il fallait. Elle m'a sauvé la vie.

– Tu n'es pas passé loin, hein ? Elle a pris son temps.

Till poussa un soupir et déclara :

– La vérité est un escargot.

– Un quoi ?

– Un escargot, répéta Till.

Il sourit et leva les yeux vers les étoiles.

– Je t'expliquerai ça, un jour.

Chapitre 63

Till quitta discrètement la fête avant minuit et marcha dans les bois jusqu'à la butte aux Herbes. La lune basse qui flottait dans le ciel distillait sur le cimetière une lumière bleuâtre. Le tombeau de Biberon n'était toujours pas rebouché. Les tas de terre étaient encore là. Le sol était resté marqué de l'empreinte des hérissons.

Till se pencha au-dessus de la tombe. Ce n'était qu'un trou noir. Il ne voyait pas ce qu'il cherchait.

Il sauta dans la fosse et glissa ses doigts sur tout le tour. Un bout de toile, des pierres… et quelque chose de doux. Il le saisit et remonta à terre.

Le piquant doré scintillait sous la lune et fredonnait une chanson silencieuse. Soudain, Till perçut le picotement qui lui était si familier. Sur sa paume, les lignes commencèrent à briller d'une lueur d'or – c'était comme une carte au trésor, mais en bien plus excitant. Des visions fascinantes dansaient devant ses yeux. La forêt, les fougères. Le soleil et les ombres. Les bois. Les plages sombres. Les paysages de jadis. Le pouvoir ancestral.

Till sentit qu'il quittait son corps. Il montait dans les airs. Il nageait entre les étoiles. Il frôlait les nuages comme une hirondelle. Au-dessous, il vit la prairie. Dans cette prairie, un tombeau ouvert. Au bord de ce trou, un garçon en bois. Qui tenait un piquant d'or au creux de sa main.

Till redescendit à terre en tournoyant comme une volute de fumée. Il retint son souffle et réintégra son corps. Le piquant était toujours entre ses doigts. Il le regarda attentivement pour graver cette image dans son esprit, comme s'il savait que cela ne durerait pas. Il l'embrassa du bout des lèvres. Alors, le piquant tomba en poussière et se dispersa au vent. En montant bien haut, très haut, toujours plus haut. Au-dessus des collines bleues. Jusqu'au cœur du ciel nocturne. Et plus loin encore.

L'Histoire de Rubis :
La Vérité et le Dragon

– Rubis, dit Till. Qu'est-ce que c'est, l'histoire de la Vérité et du Dragon ?

Ils étaient dans la roulotte de Rubis. Dehors, le vent soufflait et se frottait contre la porte et la petite cheminée en fer. Mais ils ne le savaient pas. Till tendait entre ses mains un écheveau de laine avec lequel Rubis préparait une pelote.

– C'est Carmenero qui t'en a parlé ? demanda-t-elle.

Till hocha la tête.

– Je me disais aussi ! *La Vérité et le Dragon*, c'est le conte qu'il préfère entre tous. La première fois que je le lui ai raconté, il était haut comme trois pommes, et il ne s'en est jamais lassé. Même aujourd'hui, alors qu'il est adulte, il vient encore me trouver ici en catimini pour me dire : « Rubis, je n'arrive pas à dormir. Tu veux bien me raconter *La Vérité et le Dragon* ? » Et moi, j'accepte, évidemment ; ça lui fait un tel plaisir. Parfois, quand c'est fini, il s'allonge et s'endort comme un chiot. Laisse-moi donc changer d'écheveau, et ensuite, je te la raconterai.

Elle tira une balle de laine de son sac et tendit le fil entre les mains de Till.

– Bon…

Elle avait les yeux brumeux, comme à chaque fois qu'elle s'apprêtait à raconter une belle histoire.

– Comme tout conte digne d'intérêt, celui-ci commence par : « Il était une fois… »

« Il était une fois un roi, qui décida un jour d'aller à la chasse. Soudain, il sentit la terre trembler violemment sous ses pieds et vit paraître le plus énorme dragon que l'on puisse imaginer. Il était gigantesque, ses longues ailes étaient couvertes d'écailles et son énorme queue battait en tous sens. Il se pencha vers le souverain, ouvrit la gueule et rugit. Sa voix était si puissante que le petit roi faillit perdre l'équilibre. Le dragon releva la tête en grognant et deux rubans de feu sortirent de ses narines. Il y avait presque assez de fumée pour le cacher tout entier.

Le roi assista à ce spectacle sans bouger, puis il tira son épée. Ce n'était qu'une petite épée, mais il la brandit bien haut et s'engouffra dans le nuage de fumée.

Tout ceci avait lieu au pied d'une colline sur laquelle étaient installées trois amies : Impression, Conviction et Vérité. Elles avaient tout vu. Quand le roi disparut sous la fumée, Impression bondit en gémissant :

– Oh ! Le roi est mort !

Elle voletait dans tous les sens ; il faut dire que c'était un papillon.

– Il faut prévenir les gens ! cria-t-elle. Je vais au palais tout de suite !

Et elle partit en battant des ailes.

– Oh là là ! Oh là là là là ! dit Conviction. Elle a raison, j'en suis convaincue.

Conviction, qui était un scarabée couvert d'une grosse coquille bien dure, agitait ses antennes dans tous les sens.

– Il faut que je l'accompagne, reprit-elle. Sinon, elle va nous causer toutes sortes d'ennuis, comme d'habitude.

Elle s'en alla à son tour, se dandinant à petits pas, tandis que sa coquille luisait sous le soleil.

Quand elle arriva au palais, la panique y régnait. Impression avait parcouru tout le bâtiment en criant :

– Le roi est mort ! Un dragon l'a dévoré !

Les sujets s'assemblèrent autour de Conviction pour lui demander :

– Nous pensons que le roi est peut-être mort ! Il aurait été mangé par un dragon ! Qu'est-ce que tu en sais, toi ? Qu'as-tu à nous dire ?

Le scarabée se tenait bien droit, tout fier.

– Voici ce que je peux affirmer : j'ai vu le dragon. J'ai vu le roi. Le roi a dégainé son épée. Il est entré dans le nuage de fumée et y a disparu. Je ne l'ai pas revu depuis.

– Mais est-il mort ? demandèrent les gens d'un ton pleurnichard.

– Je le crois.

À ces mots, tous tombèrent à genoux en sanglotant.

Comme nous le savons, il y avait trois amies sur la colline, ce jour-là. En prenant le chemin du palais, Impression et Conviction avaient laissé Vérité sur place. Tandis qu'elle se demandait ce qu'elle allait bien pouvoir faire, la fumée se dissipa et l'air devint plus clair. Elle perçut un grognement. C'était la voix du dragon. Soudain, elle le vit qui serrait la main du roi ! Avec un grand sourire ! Et elle l'entendit même dire :

– Je vous remercie, Majesté ! Ce petit os coincé me faisait souffrir atrocement.

La veille, le dragon avait mangé une grenouille, dont un os était resté piqué dans sa gencive, entre deux de ses dents. Le roi l'avait aperçu au moment où le dragon rugissait. S'il était entré dans le nuage de fumée, c'était pour ôter cet os en le soulevant avec la pointe de son épée. Et c'est ainsi que les deux personnages étaient devenus amis.

Dès qu'elle eut compris ce dénouement, Vérité décida de se rendre au palais. Malheureusement, Vérité était… un escargot. Il lui fallut une éternité pour parvenir à son but, mais elle y parvint bel et bien. Le peuple était en larmes. Tout le monde était persuadé que le roi était mort. Vérité leur raconta ce qu'elle avait vu, et ils l'écoutèrent. Toutefois, certains refusèrent de la croire. Elle leur répondit :

– Le roi ne tardera pas à rentrer. En le voyant paraître, vous me croirez peut-être.

À peine avait-elle fini sa phrase qu'un battement d'ailes retentit au-dessus de leurs têtes : le roi arrivait, chevauchant le dragon ! Comme un enfant sur un âne ! Il était heureux… comme un roi. Le dragon lui-même n'était pas mécontent, car il s'était fait un ami, lui qui n'en avait jamais eu.

Le souverain remercia Vérité d'avoir tout dit à ses sujets. Il gronda ceux qui ne l'avaient pas crue. Selon lui, ils étaient idiots. Il insista surtout pour qu'ils apprennent à attendre que Vérité paraisse ; ce n'était qu'un escargot, après tout.

Il organisa alors une grande fête où tout le monde fut convié. Elle dura douze jours et douze nuits. Je le sais, j'y étais. Enfin, le roi et ses sujets, ainsi que Vérité et le dragon, vécurent heureux pour toujours. »

– Pourquoi Carmenero aime-t-il tant cette histoire ? demanda Till.

Rubis acheva de rouler sa pelote et déclara, avec un petit sourire :

– Moins je te le dirai, mieux tu le devineras. À toi de réfléchir.

Remerciements

Je me dois de remercier tous ceux qui m'ont aidée, encouragée et soutenue pendant la rédaction de *Till Brindille* : entre autres, une Mme Miroton, une Savonnette Faubert, un Carmenero, d'innombrables Mousseline Dezinc, une demi-douzaine de Lampion Butin, quelques Rubis et un Figuier. J'adresse donc toute mon affection et ma gratitude à :

Rachel Murrell, pour qui *Till Brindille* a vu le jour ;

Ruth Hay, du Hay Festival, qui fut la première à présenter *Till Brindille* au public. Merci également à Peter Florence pour son aide de génie ;

Diane Rees et les jeunes auteurs de l'atelier d'écriture *Merthyr Tydfil Exciting Writing Squad*, en particulier Jack Manuel, Daniel Rosser, Bethan England et Carys Urmston. Sans oublier Bob Mole et Academi, pour leur soutien financier généreux et durable ;

Rob Soldat, dont une remarque opportune a suffi à m'inspirer 60 000 mots ;

Erica Wagner, pour sa confiance et ses encouragements inépuisables, ainsi que son action inestimable en faveur de l'art du conte ;

Les conteurs Daniel Morden, Ben Haggarty et Hugh Lupton, jamais à court d'inspiration ni de conseils ;

Sean Saye, pour sa magnifique photographie ;

L'irremplaçable Pat White, du cabinet *Rogers, Coleridge & White Literary Agency*, à Londres ;

Yvonne Hooker, la meilleure éditrice dont on puisse rêver, ainsi que toute l'équipe de *Puffin Books*, en particulier Lindsey Heaven ;

Enfin, un grand merci à Ray, pour être sorti.

Achevé d'imprimer en France
par France Quercy à Cahors
Dépôt légal : 2e trimestre 2006
N° d'impression : 60507/